SYLVIE WIEVIORKA

QUE S'EST-IL PASSÉ DANS LA TÊTE DES FRANÇAIS ?

Quarante ans dans le cabinet d'une psy

BUCHET • CHASTEL

Ouvrage publié
sous la direction d'Olivia Recasens

ISBN 978-2-283-03921-2

Introduction

La France vue du cabinet d'une psy

1984 : Ma fille ne travaille pas à l'école.

2024 : Ma fille souffre de troubles de l'attention.

1984 : Mon fils est homosexuel.

2024 : Mon fils veut changer de sexe.

1984 : Je souffre de spasmophilie.

2024 : Je suis en burn-out.

1984 : Je ne m'entends plus avec mon mari.

2024 : Mon mari est un pervers narcissique.

« Santé mentale : les Français ne vont pas bien et leurs troubles vont s'inscrire dans la durée[1] ». « La santé mentale des Français reste toujours aussi dégradée, notamment chez les jeunes[2] ». « Santé mentale : les Français ont le moral en berne[3] »…

En 2024, c'est un fait admis : les Français vont mal. Ce constat largement partagé implique-t-il que jadis nous étions plus heureux, ou en tout cas moins souffrants psychiquement ? À moins qu'il ne suggère tout simplement que nous n'allions déjà pas fort mais que nous n'en n'étions pas conscients ou alors qu'on allait déjà très mal mais qu'on n'en parlait pas.

Tout ceci mérite réflexion. J'ai exercé la psychiatrie et pendant plus de quarante ans à partir de la fin des années 1970, j'ai vu la façon d'exprimer le mal-être psychique, de le prendre en compte et de le traiter considérablement changer.

Parfois pour le meilleur, mais pas toujours.

Tous les domaines de la souffrance psychique sont concernés. Si l'expression des troubles somatiques reste relativement stable à travers les années, il n'en va pas de même pour les symptômes psys, qui sont largement tributaires du moment où ils émergent. Leur forme, leur façon de se manifester, mais aussi l'appréhension qu'en ont les professionnels et plus largement la société tout entière dépend fortement du contexte culturel et social.

Un retour aux années 1980 permet de mesurer l'ampleur de ces changements, qui concernent non seulement les psys et leurs éventuels patients, mais plus largement la relation entre les individus et la société dans son ensemble.

En 1980, on ne parlait pas de « santé mentale », ni de « troubles psys », mais de « maladie mentale » et de « pathologie psychiatrique ». Ce n'est pas seulement une question de vocabulaire. Derrière les mots, il y a une façon radicalement différente d'appréhender la question de la souffrance psychique. À l'époque, seuls les « fous », les malades mentaux allaient consulter, tandis que de nos jours la demande s'est élargie ; on va voir un psy pour un problème de couple ou des difficultés dans l'éducation de ses enfants. Et si on ne sent absolument pas malade, on peut toujours demander conseil à un coach pour améliorer ses performances dans tel ou tel domaine.

Certains diagnostics semblent, en quarante ans, avoir quasiment disparu ou n'intéresser plus grand monde : la spasmophilie, qui en 1980 faisait des ravages parmi les jeunes femmes sensibles, a laissé place aux attaques de panique ou aux crises d'angoisse aiguë. On ne parle plus guère des TOC (troubles obsessionnels compulsifs) qui fascinaient il y a quelques années. *A contrario*, on a vu apparaître des légions de maris pervers narcissiques, des cohortes de salariés en burn-out, des milliers d'enfants hyperactifs. Le sens de ces « nouvelles » pathologies mérite qu'on s'y arrête : amélioration dans la capacité à faire des diagnostics, meilleur dépistage, phénomène épidémique dû au caractère suggestible de tout patient psy (et de tout professionnel), effet de la diffusion par les réseaux sociaux d'informations jusque-là confidentielles, prise de conscience ? Sans doute un peu de tout cela à la fois. Quoi qu'il en soit, l'émergence sur la place publique de ces nouvelles problématiques contribue à renforcer le sentiment que les Français vont plus mal qu'avant.

À l'école comme au travail, en quarante ans, la perspective a changé. Finis les conflits sociaux et les débats sur les mérites des différentes méthodes pédagogiques, place à l'individu qui, faute de pouvoir s'adapter à son environnement, sera considéré comme atteint de troubles psys qu'il faudra soigner ou corriger : burn-out au travail, dyslexie, dyspraxie, hyperactivité à l'école... Être inadapté au monde tel qu'il est devient une sorte de pathologie, c'est du travail pour les psys. Là encore, ce n'est pas l'école ou l'organisation du travail qui vont mal, ce sont les Français.

Depuis les années 1980, le regard sur les victimes n'est plus tout à fait le même. En 1980, sans doute sous l'influence de théories psychanalytiques plus ou moins bien maîtrisées, de nombreux psys se demandaient si la victime de violences conjugales ou d'agression sexuelle ne serait pas « quelque part » inconsciemment responsable de ce qui lui arrive. Aujourd'hui, on prend conscience qu'il est nécessaire que la parole des victimes se libère et soit entendue pour leur permettre d'aller mieux, et que cela passe par une justice qui sans ambiguïté condamne les agresseurs et protège les victimes.

La question de l'homosexualité et de l'identité de genre est une exception notable au mouvement général qui touche depuis quarante ans la société française et transforme certains comportements problématiques (maris violents, enfants en échec scolaire...) en troubles psys. En 1980, l'homosexualité était encore considérée comme une maladie mentale. Quant au transexualisme, il était quasiment invisible et donc officiellement inexistant. Aujourd'hui, les psys ne sont plus guère utiles pour « soigner » les homosexuels en tant que tels, l'homosexualité n'étant ni un trouble ni une maladie. Le transexualisme suit le même chemin, le débat porte seulement aujourd'hui sur la façon d'accompagner au mieux les enfants et les adolescents transgenres.

En quarante ans, la société française a profondément changé. Le vieillissement de la population fait apparaître des nouveaux défis. Il n'existe quasiment pas aujourd'hui de famille en France qui n'ait un proche atteint de la maladie d'Alzheimer, la question du bien-vieillir et du bien-mourir se pose à tous. Le rôle des psys autour des questions de la fin de vie est non seulement d'accompagner, mais de soigner et de prévenir les troubles psys des personnes âgées. Il y a quarante ans on ne se posait même pas la question.

En 1980, la notion d'addiction était inconnue. Il y avait les alcooliques, les toxicomanes, et le but du traitement était l'abstinence. Aujourd'hui, les psys ne raisonnent plus par produit consommé (alcool, drogue), mais par comportement de consommation, et l'addiction s'étend à toutes sortes de substances ou de comportement (le jeu, les écrans). Le but du traitement est d'en réduire au maximum les effets gênants pour l'ordre ou la santé publics.

J'ai pu aussi mesurer l'impact des diverses crises économiques et sanitaires (sida, Covid-19) ainsi que de la levée de l'omerta sur certains sujets comme l'inceste, la pédophilie, les féminicides, à la fois sur le ressenti des Français, mais aussi sur la façon d'exprimer leur mal-être. En revanche les progrès fulgurants de la médecine et de la science n'ont eu en général que peu d'effet en matière de santé mentale. La façon de poser un diagnostic reste empirique, pas de révolution en matière de traitements, le seul changement notable est dans la façon de concevoir, en dehors de toute preuve scientifique, la cause de la majorité des troubles psys. En quarante ans, nous sommes passés d'une conception psychogénétique (les parents, la famille, l'éducation, l'inconscient...) à une vision organiciste (le système nerveux, les synapses, les hormones cérébrales).

Ainsi, à travers ce que j'ai pu observer et comprendre au cours de ces plus de quarante ans de pratique psy, ce livre propose une grille de lecture personnelle et ouverte sur le monde de ces évolutions qui amènent les Français, aujourd'hui plus qu'hier, à tort et à raison, à s'inquiéter pour leur santé mentale.

1.

Le diagnostic psy… et l'air du temps

1984 : Je dors mal, je suis énervée, je me dispute avec tout le monde.

2024 : Je suis bipolaire.

1984 : Mon fils m'épuise, je n'arrive pas à ce qu'il se tienne tranquille. Pouvez-vous me donner des conseils ?

2024 : Mon fils souffre de TDHA*. Je pense qu'il faut le mettre sous Ritaline**.

Les patients qui viennent consulter sont, comme tout le monde, sensibles à l'air du temps. Il n'est donc pas étonnant qu'au fil des années, la façon dont certains troubles se manifestent tout comme la lecture qu'en ont les patients et les psys aient évolué.

* Trouble déficitaire de l'attention avec hyperactivité.

** Nom commercial du méthylphénidate, psychostimulant prescrit comme traitement des TDHA.

Bizarre vous avez dit bizarre

Jeune psychiatre, j'avais une conception qui m'apparaît aujourd'hui simpliste de cette question du diagnostic. J'avais appris pendant mes études qu'il fallait observer, écouter, éventuellement prévoir quelques examens complémentaires et le tour était joué. C'était sans compter sur au moins deux éléments perturbateurs : la subjectivité de l'observateur et les croyances des patients concernant leur maladie.

Un exemple : la bizarrerie est caractéristique de la schizophrénie et donc un des éléments du diagnostic de cette maladie. J'ai souvenir de discussions acharnées pour savoir si tel jeune homme, qui avait les cheveux longs, portait des bagues à chaque doigt et refusait de manger de la viande était ou non « bizarre ». Il y a bien sûr d'autres critères pour porter un diagnostic de schizophrénie, mais ces débats m'ont fait vite comprendre que je ne voyais et n'entendais pas toujours la même chose que d'autres confrères. La prudence est de mise, un diagnostic psy, surtout s'agissant de maladies aussi graves que la schizophrénie, impose qu'on prenne du temps et qu'on confronte ses idées avec d'autres, entourage et professionnels.

Les croyances des patients sont elles aussi devenues un élément de la discussion sur le diagnostic.

> « Bonjour, docteur. Je viens vous voir car je suis bipolaire.
>
> – Qui vous l'a dit ?
>
> – J'ai vu une émission à la télé, ils décrivaient les symptômes, et je me suis dit : c'est exactement mon cas. »

Ou alors :

« Je suis alcoolique.

– Ah bon ! Vous buvez quoi ? Et quelle quantité ?

– Je bois tous les soirs un verre de rosé. Mais j'ai essayé de m'en empêcher et je n'y arrive pas. J'ai lu que c'est le signe de l'alcoolisme, l'impossibilité de s'en passer. Aidez-moi, j'ai honte ! »

J'ai aujourd'hui dans le domaine qui est le mien une conception assez distanciée de cette question du diagnostic. Il existe certes des classifications internationales qui permettent à l'aide d'items dûment codifiés d'établir des diagnostics à des fins de recherche ou plus prosaïquement de chiffrer le coût et le remboursement des soins. Mais dans mon travail, la dimension objective d'un diagnostic scientifiquement établi n'a finalement que peu d'intérêt. J'avais été impressionnée par la lecture du livre d'Oliver Sacks, *L'homme qui prenait sa femme pour un chapeau*[1], dans lequel le neurologue décrit une série de cas plus bizarres les uns que les autres, correspondant à des lésions neurologiques rares. Les descriptions sont fascinantes, d'autant que l'auteur est fort talentueux. Quand il s'agit de ce que l'on peut faire pour aider ces personnes, je me suis rendu compte qu'Oliver Sacks ne proposait en général aucun traitement, tout au plus des psychotropes pour atténuer les symptômes les plus gênants. Les progrès dans la compréhension du fonctionnement intime du cerveau ont été gigantesques ces dernières années, permettant d'affiner certaines corrélations entre lésions organiques et troubles psys, mais rien ne remplace la rencontre entre le médecin et le malade, où « deux affectivités sont impliquées et le diagnostic du psychiatre se fonde autant sur la conscience qu'il peut prendre de l'intercommunication affective que sur l'ensemble de ses connaissances et sur la connaissance particulière du cas[2] ».

Le rapport des patients et de leur famille à cette question du diagnostic a changé, la diffusion large de données jadis à la seule disposition des professionnels fait de certains des « spécialistes » de leur propre cas ou de celui de leurs proches.

> **1984** : Docteur, je voudrais savoir ce que j'ai. C'est quoi ma maladie ?
>
> ---
>
> **2024** : Je suis sûre que mon fils est atteint du syndrome d'Asperger*. J'ai consulté un autre psy, il n'était pas d'accord mais il n'y connaît rien !

Poser un diagnostic en matière de troubles psys requiert du temps et de la mesure. Autant que certains éléments objectifs, la tonalité de la relation qui ne peut s'apprécier que dans la durée va permettre de se faire une idée sur la nature des troubles. Je me souviens ainsi d'une jeune patiente que j'avais suivie pendant de nombreuses années pour des problèmes de consommation d'héroïne. Je n'avais pas trop réfléchi au diagnostic psy, j'étais focalisée sur la question de l'addiction, qu'est venue aggraver – nous sommes dans les années 1990 – une contamination par le virus du sida. Je l'ai suivie très régulièrement pendant une dizaine d'années, puis je l'ai perdue de vue. Vers 2010, elle reprend rendez-vous. Je suis émue de la revoir, ce d'autant que j'avais craint qu'elle ne soit morte du sida.

Elle se présente à la consultation, sans aucune émotion, comme si nous nous étions quittées la veille. Le temps passé ne compte pas, aucun affect n'est venu colorer ces retrouvailles.

---

* Trouble du spectre autistique touchant pour l'essentiel la façon dont les personnes atteintes interagissent avec autrui. L'intelligence est conservée, parfois même exceptionnelle.

J'ai alors pensé : « elle est vraiment folle », soit, en langage plus professionnel : cette femme souffre d'une psychose. Aurait-il été utile de porter plus tôt ce diagnostic ? Ce n'est pas certain car le traitement ne s'en serait pas nécessairement trouvé modifié. Toujours est-il que je n'y avais jamais pensé.

Je me suis toujours refusé à voir en mes patients des « cas » avec diagnostic à la clé : le schizophrène, la paranoïaque… j'étais plutôt intéressée par les singularités de chacun d'entre eux. On objectera que le pronostic et le traitement dépendent du diagnostic. Certes.

En 1980, je croyais, conformément à ce qu'on m'avait enseigné, qu'on ne donnait des neuroleptiques – classiquement définis comme agissant sur les principaux symptômes des psychoses et générant des effets secondaires non négligeables – qu'aux personnes souffrant de psychose, des antidépresseurs qu'à celles qui étaient déprimées et ainsi de suite. Poser le bon diagnostic était donc déterminant pour le traitement. Et puis, les années passant, certains neuroleptiques ont été recommandés contre la dépression, des antidépresseurs ont été prescrits à des personnes souffrant d'anxiété. Les catégories diagnostiques et thérapeutiques sont devenues en pratique beaucoup plus poreuses.

Du côté des usagers, plusieurs éléments sont venus eux aussi modifier en quelques années le rapport au diagnostic.

> **1984** : L'information médicale grand public repose essentiellement sur des émissions dédiées animées par des journalistes spécialisés en lien étroit avec les professionnels de santé.
>
> ---
>
> **2024** : Plus de 90 % des ménages français ont accès à Internet, l'information médicale n'est plus l'apanage des spécialistes ni même de personnes ayant la moindre compétence. On trouve de tout en quelques

clics, et il n'est pas toujours facile de distinguer le bon grain de l'ivraie.

1984 : Les médecins sont généralement perçus comme détenteurs d'un savoir fiable et d'une efficacité de plus en plus grande à laquelle ils croient, et leurs patients aussi.

2024 : Les grands scandales sanitaires (sang contaminé, Médiator) sont passés par là, venant activer une défiance compréhensible de la part des usagers et rendre prudents nombre de praticiens.

Les usagers ne font donc plus confiance aveuglément à leur médecin. Ils sont eux-mêmes détenteurs d'un certain savoir et pour beaucoup d'entre eux, ne sont pas prêts à s'en laisser conter.

La question du diagnostic n'est donc plus du ressort exclusif des professionnels de santé. Les patients ont leur mot à dire, leur opinion sur ce dont ils souffrent et la manière dont ils doivent être soignés.

La femme hystérique…

La façon dont certains troubles psys se manifestent est étroitement dépendante du contexte culturel et social où ils émergent. C'est l'idée fondatrice de l'ethnopsychiatrie, qui s'intéresse à ces variations cliniques en lien avec la culture des patients et aux modalités de leur prise en charge. En quarante ans, la société française a profondément évolué, il n'est donc pas étonnant que les symptômes et les diagnostics s'en soient trouvés modifiés.

L'émergence de symptômes psys, leur repérage, leur prise en compte sont directement corrélés à la conception que l'époque se fait de celui (ou celle) qui les porte. La « femme hystérique » du XIXe siècle, dangereuse, en butte à ses passions, irrationnelle, présente des symptômes qui viennent conforter l'idée qu'on se fait d'elle. Tout passe par le corps, l'hystérie, qui tire son nom du grec « husterikos » – qui concerne la matrice – se caractérise par « l'hyperexpressivité somatique des idées, des images, des affects inconscients »[3]. Ce « tout somatique » est en accord avec l'idée que les femmes sont essentiellement régies par leurs organes (Hippocrate disait : « *tota mulier in utero* », que l'on peut traduire par « la femme est tout entière dans son utérus ») et peu susceptibles de manifester leur mal-être par une quelconque activité mentale.

L'évolution des connaissances scientifiques concernant en particulier le fonctionnement du cerveau change aujourd'hui la représentation que nous nous faisons de nous-mêmes et de notre fonctionnement mental. En 1968, la neuropsychiatrie a été divisée en France entre neurologues et psychiatres. Au psychiatre les maladies mentales, au neurologue les pathologies du système nerveux. De nos jours, on assiste à un retour de la neuropsy. Certains troubles neurologiques ont des manifestations psychiatriques – c'est le cas de la plupart des patients décrits par Oliver Sacks dans *L'histoire de l'homme qui prenait sa femme pour un chapeau* –, tandis que certaines maladies mentales pourraient bien être dues à un dysfonctionnement cérébral. Le dualisme corps-esprit cher à Descartes n'est plus guère en odeur de sainteté, et de nombreux patients sont enclins à attribuer à des dysfonctionnements neurologiques les symptômes à manifestation psy dont ils souffrent.

Si on ajoute à ces évolutions anthropologiques et scientifiques la conscience aiguë que l'homme moderne a, sous l'influence d'un flux incessant d'informations, du rôle de l'environnement sur sa psyché, on comprendra aisément que tout ceci modèle la façon dont, en 2024, la souffrance psy se manifeste et est reconnue.

Quelques pathologies, que j'ai encore croisées dans les années 1980, semblent avoir quasiment disparu.

J'ai ainsi reçu en consultation, au début des années 1980, une femme de forte corpulence, qui m'était adressée par son médecin généraliste (on ne disait pas encore médecin traitant).

> « Je pensais être enceinte, j'ai même déclaré ma grossesse aux allocations il y a plus de cinq mois. Mon médecin me dit qu'en fait je ne suis pas enceinte et qu'il faut que j'aille voir un psychiatre. Je ne comprends rien, j'ai grossi, je n'ai plus mes règles. Et voilà qu'on me dit que ce n'est pas une grossesse ! Alors si c'est pas un bébé, qu'est-ce que c'est ? »

Même à l'époque, la « grossesse nerveuse » semblait archaïque. En matière de symptômes typiquement féminins, on ne parle plus aujourd'hui de ces fameuses crises de spasmophilie qui terrassaient nombre de jeunes filles sensibles, pas plus que ces grandes manifestations d'hystérie qui ont fait les beaux jours de la Salpêtrière à la fin du XIXe siècle. On n'en parle plus, les psys n'en voient plus guère en consultation. Ces pathologies ont littéralement disparu, remplacées par d'autres manifestations, nommées et perçues autrement. Cette ancienne symptomatologie féminine relevait d'une conversion brute des affects en manifestations corporelles. La femme qui se croit enceinte n'est pas anxieuse, elle *est* enceinte. La jeune fille qui présente brutalement une hyperventilation, des crampes, une difficulté à respirer, des nausées et des vertiges, des palpitations cardiaques, des troubles de la vision et de l'ouïe *est* spasmophile, on lui prescrira du calcium pour tenter d'enrayer ces crises, en général sans succès. Les médecins généralistes, de guerre lasse, finiront par leur conseiller d'aller voir un psy. En consultation, cela donnait :

> « Je ne comprends pas, docteur, j'ai des malaises et des crampes, et on me dit d'aller voir un psy ! »

Pas facile d'expliquer que ces troubles à manifestation somatique sont d'origine psychique.

> « Les examens n'ont rien donné, alors votre médecin pense que vous êtes peut-être un peu trop anxieuse... »

Il était rare que cette entrée en matière permette à la patiente de s'engager dans un suivi psy durable, attachée qu'elle restait à l'origine somatique de ses troubles.

Je crois que la disparition de ce type de syndrome tient au changement de perception du psychisme féminin, qui a fini par accéder aux yeux des soignants comme des femmes elles-mêmes à la possibilité que leur souffrance psychique se manifeste psychiquement. Aujourd'hui, les femmes vont présenter des attaques de panique, des crises d'angoisse aiguë. Les manifestations cliniques ne sont finalement guère différentes de celles de la spasmophilie, mais on ne les observe et on ne les nomme pas de la même façon. On retient plutôt les signes de l'anxiété (palpitations, sensation de boule à l'estomac) que ceux à tonalité plus somatique (crampes, troubles sensoriels). L'origine psychique est reconnue, nommée, et le traitement psy mieux accepté.

L'engouement actuel pour certains diagnostics psys – je pense aux diverses dyspraxies, au TDAH*, aux addictions – relève de facteurs culturels et sociaux spécifiques à chacun d'entre eux.

Il y a toutefois un élément commun à tous : le changement au cours des dernières années des représentations que chacun se fait du fonctionnement du psychisme humain et de ses rapports avec le cerveau.

La façon dont certains troubles psys se manifestent est étroitement corrélée, sans que celui qui en souffre en soit toujours clairement conscient, à la conception qu'il a de son fonctionnement psychique. En effet, sans qu'il soit nécessaire d'être psy, chacun a des idées plus ou moins claires sur sa façon d'être au monde, le rapport entre son corps et son esprit, les liens entre ce qui le fait agir et son histoire familiale. Un des objets de la psychothérapie est de rendre explicite la conception du monde du patient, ce qui, tout comme pour le Bourgeois Gentilhomme de Molière, est pour lui bien souvent une découverte : il a une conception du monde, et il ne le savait pas !

Depuis Freud, l'idée que nous avons un inconscient qui agit à notre insu a conquis l'Occident. La recherche du sens caché de nos comportements ou de nos rêves est devenue une évidence pour beaucoup d'entre nous. C'est le bain culturel dans lequel nous évoluions jusqu'à ces dernières années.

La diffusion vers le grand public de découvertes scientifiques concernant le fonctionnement du cerveau et les

---

* Trouble du déficit de l'attention avec ou sans hyperactivité : caractérisé par un niveau élevé d'inattention, d'agitation et d'impulsivité.

divers progrès de l'imagerie médicale sont venus modifier notre conception de la relation entre le corps et l'esprit et partant de l'origine et de la nature de nombre de troubles psys. L'idée qu'il ne s'agit *in fine* que de maladies du cerveau creuse son sillon, en dépit à ce jour de l'absence de preuves scientifiques dans la plupart des cas. La maladie mentale est encore vécue comme honteuse, les familles se sentent coupables et l'idée qu'il pourrait s'agir de troubles organiques est à ce titre bienvenue.

J'avais été, il y a de nombreuses années, stupéfaite de ce dialogue avec des parents dont le fils était soigné en psychiatrie avec un diagnostic de schizophrénie :

> « Docteur, vous êtes sûre qu'il s'agit bien d'une schizophrénie ? On voudrait faire des examens neurologiques, c'est peut-être une tumeur au cerveau ?
>
> – Vous savez, en psychiatrie on n'est sûr de rien, mais c'est ce que je pense. Je n'ai aucune objection à ce que vous fassiez faire à votre fils d'autres examens. Mais dites-moi, si c'était une tumeur au cerveau, ça vous rassurerait ?
>
> – Bien sûr ! On serait soulagés… »

La bipolarité : le succès d'un changement de nom

Le diagnostic de troubles bipolaires concerne une maladie connue de longue date et consiste en épisodes d'excitation qui alternent avec des phases de dépression intense. En 1980, on l'appelait « psychose maniaco-dépressive » (PMD). Quand j'étais étudiante, dans les années 1970, alors que la psychanalyse régnait en maître sur l'enseignement de la psychiatrie, la PMD était considérée comme la « plus génétique des maladies psychiatriques », si ce n'est la seule.

Mais ce diagnostic restait peu fréquent et concernait des patients sévèrement atteints et bien souvent hospitalisés. Le changement de dénomination entériné en 1980 par le DSM (manuel diagnostique et statistique des troubles mentaux) et en 1992 dans la CIM (classification internationale des maladies) visait à regrouper sous un même nom des troubles jusqu'ici classés sous diverses appellations (PMD, mais aussi dépression, excitation, mélancolie…) et à abandonner le terme « psychose » jugé dévalorisant par beaucoup au profit de celui de « troubles », plus neutre. L'idée sous-jacente étant qu'il s'agirait d'une seule et même pathologie, avec toutefois des manifestations cliniques variées.

Un diagnostic sera d'autant plus fréquemment porté que sa définition est large, c'est le cas pour la bipolarité qui concernerait aujourd'hui de 1 à 2,5 % de la population française[4]. Cette inflation diagnostique, si l'on compare aux années 1980, repose sur un double mécanisme : élargissement des critères et banalisation. Le terme « psychose » ayant disparu, ce diagnostic ne fait plus peur, ce d'autant moins qu'il concerne un grand nombre de personnes. « Sans le savoir, chacun connaît probablement une personne atteinte de troubles bipolaires[5]. »

Le public s'est aisément emparé d'un concept qui met sur le compte d'une même pathologie des troubles sévères comme des comportements bénins. Chacun d'entre nous a, en dehors de toute pathologie, l'expérience de la surexcitation comme de l'humeur morose. Cela ne fait pas de nous tous des bipolaires nécessitant une prise en charge spécialisée et un traitement médicamenteux. Là où le diagnostic de PMD traçait une frontière claire entre ce qui est normal et ce qui ne l'est pas, celui de bipolarité introduit une sorte de continuum bénéfique, car non stigmatisant. Mais on l'utilise souvent à tort et à travers.

1980-2020 : que de changements !

Poser un diagnostic, c'est donner un nom, et d'une certaine façon un sens à un ensemble de symptômes que présente le patient et que repère le professionnel. En 1980, ce dernier avait seul la capacité d'accomplir cette opération. En 2024, les réseaux sociaux ont pour effet que cette compétence est largement partagée.

Nous ne disposons de statistiques concernant les motifs de consultation psy qu'à travers les actes effectués par des psychiatres – les consultations de psychologues, ne faisant dans leur immense majorité pas l'objet de prise en charge par l'Assurance Maladie, ne sont pas comptabilisées. Il est donc difficile de se faire une idée précise de l'évolution du nombre des différents diagnostics amenant à consulter un psy, ce d'autant plus que des acteurs non psys, médecins généralistes, pharmaciens ou autres, sont souvent sollicités.

Je ne peux donc rendre compte ici que de mon ressenti forcément biaisé en fonction des lieux et des époques où j'ai exercé ainsi que de mes centres d'intérêt.

Au cours des années, j'ai vu disparaître certains diagnostics, en apparaître d'autres, changer les dénominations et les demandes.

Les années 1980 appartiennent encore au vieux monde, où on ne consultait un psy que contraint et forcé, quand vraiment c'était grave. J'ai le sentiment que les demandes de soins étaient moins qu'aujourd'hui dépendantes des modes. Exerçant alors en province, dans une petite ville où il n'y avait pas d'autre offre psy, je voyais en consultation des personnes souffrant de psychoses (schizophrénie et paranoïa), mais aussi beaucoup de personnes dépressives, beaucoup de problèmes liés à l'alcool.

En 1988, la « pilule du bonheur », le Prozac, a été mise sur le marché avec pour la première fois en France, une campagne grand public « à l'américaine » à travers presse et médias, pour chanter les louanges de cet antidépresseur, consommé en cinq ans par un million de Français. J'ai assisté, dans la même période, à une véritable épidémie de syndromes dépressifs, les patients demandant à se voir prescrire le fameux médicament miracle, avec, est-il besoin de le préciser, des résultats mitigés. Ce fut ma première expérience du lien étroit entre les troubles allégués et souvent authentiquement ressentis par les patients et le savoir-faire de l'industrie pharmaceutique… Expérience qui devait par la suite s'étendre aux Troubles obsessionnels compulsifs (TOC), éligibles eux aussi au fameux Prozac, ou aux attaques de panique traitées par anxiolytiques.

Au temps de l'URSS, quand les dissidents politiques étaient internés et soignés pour troubles mentaux, j'avais lu avec étonnement que « la preuve que X., dissident notoire, est schizophrène, c'est qu'on lui prescrit de l'Haldol », qui est un neuroleptique prescrit spécifiquement pour les troubles délirants. Ce sophisme est d'une certaine façon à l'œuvre pour infléchir la fréquence de certains diagnostics en fonction des médicaments disponibles, le meilleur exemple en est aujourd'hui la Ritaline pour les TDAH.

En 1999, quand dans la même semaine j'ai reçu trois patientes qui se plaignaient d'avoir un mari pervers narcissique, j'ai pensé qu'il se passait quelque chose. En effet, cette année-là, le livre de Marie-France Hirigoyen[6] traitant de ce sujet connaît un important retentissement, et de nombreuses femmes y trouvent une description conforme à leur situation. On voit ici l'influence de certains ouvrages particulièrement bien faits qui donnent corps et sens au malaise ressenti par les consultants.

À l'activité des laboratoires pharmaceutiques et au retentissement médiatique de certains livres, il faut ajouter la grille de lecture du psy qui vient elle aussi modifier le repérage et la compréhension des symptômes présentés, socle de tout diagnostic. Là où le psy comportementaliste voit des problèmes de comportement, le psychanalyste verra une problématique œdipienne mal résolue et le thérapeute familial un dysfonctionnement au sein de la famille...

Ces exemples illustrent la limite du caractère objectif et scientifique de tout diagnostic psy. Les manifestations symptomatiques sur lesquelles se fonde le diagnostic sont influencées par le système de croyance du patient comme par celui du psy, tous deux étant sensibles à l'air du temps.

En quarante ans, le public s'est emparé des nouvelles façons de nommer les troubles psys proposées par les professionnels, mais les débats qui traversent la profession restent obscurs au plus grand nombre. En effet, la façon dont on classe et on nomme les troubles psys recouvre des conceptions théoriques sur le fonctionnement du psychisme, ses rapports avec le cerveau, l'action de certains médicaments, ainsi qu'un point de vue sociétal. D'une manière générale, nous sommes passés en quelques dizaines d'années d'une conception psychodynamique à une expression en termes de comportement et de troubles. L'approche psychodynamique considère que les symptômes sont à mettre en relation avec l'histoire de la personne et ses conflits inconscients. Elle concerne la psychanalyse et les thérapies qui en dérivent. On ne parle plus de « névrose obsessionnelle », on souffre de « TOC ». Finie la « PMD », la psychose maniaco-dépressive, vivent les « troubles bipolaires » ! Certains changements traduisent aussi l'aspiration de la société à la déstigmatisation : changer de nom doit amener un changement de regard. C'est ainsi que, dans le journal *Le Monde* du 6 février 2024, on peut lire une tribune intitulée : « Supprimons le mot "schizophrénie", un terme stigmatisant et un diagnostic discuté[7] ». Les signataires de ce texte, professionnels et membres d'associations de patients, soulignent que « les stéréotypes et idées fausses qui circulent sur la schizophrénie sont encore trop souvent relayés par les médias, qui associent schizophrénie et dédoublement de la personnalité ou duplicité, schizophrénie et violence/criminalité, ou schizophrénie et extrême dangerosité. La société s'est donc construit une représentation sociale des personnes atteintes de ces troubles particulièrement péjorative, éloignée de leur réalité et de leur vécu ». Plus loin, les auteurs notent que le concept de schizophrénie est « inconsistant ». Cette tribune est à mes yeux emblématique d'une façon contemporaine de considérer les questions de santé mentale, qui entre en contradiction avec l'autre approche tout aussi moderne : l'utilisation de l'intelligence artificielle pour affiner les diagnostics psy. Le constat de départ est le même, les critères diagnostiques de la schizophrénie sont peu fiables, éminemment subjectifs. Mais la réponse proposée est radicalement différente : « Des chercheurs de l'Institut de neurologie de l'University College de Londres (UCL) et d'Oxford ont utilisé des modèles de langage d'intelligence artificielle (IA) pouvant caractériser des signatures – mêmes subtiles – dans le discours de patients diagnostiqués avec la schizophrénie, relate un site scientifique en ligne. Publiée dans PNAS, l'étude a cherché à savoir comment l'analyse automatisée du langage pourrait aider le corps médical à diagnostiquer et à évaluer les troubles psychiatriques de manière plus précise et plus précoce. En effet, le diagnostic psychiatrique actuel de la schizophrénie repose presque entièrement sur des entretiens avec les patients et leurs proches[8]. »

En 2024, on ne peut plus se contenter pour la schizophrénie d'un diagnostic fondé sur la seule impression clinique du psychiatre, tel que cela se passait au cours des années 1980. L'enjeu n'est pas mince, la schizophrénie est en France le premier motif de suivi psychiatrique et représente plus de 4 millions d'actes de consultation. On l'a vu, deux tendances s'opposent, l'une s'appuyant sur la science et l'intelligence artificielle, l'autre sur les aspects sociaux et le vécu des patients. Je ne songe pas ici à trancher ce débat qui illustre la complexité de cette question du diagnostic psy et sa valeur non seulement descriptive, mais aussi hautement prédictive. Je me contenterai de souligner que ce qui m'importe, c'est l'attention que l'on porte à toutes ces personnes qui présentent une souffrance psychique et les moyens mis en œuvre pour leur venir en aide.

2.

Aujourd'hui on ne s'en sort plus avec les enfants

Je suis psy pour adultes. Ainsi, la question des enfants est toujours venue dans mes consultations par le biais des parents, tantôt comme motif premier, tantôt au fil des entretiens pour une autre raison.

1984 : Je n'ai aucune autorité, mes enfants ne me respectent pas.

2024 : Je crois que mon fils souffre de TDAH.

1984 : Je n'arrive pas à décoller ma fille de la télé.

2024 : Ma fille a une addiction aux écrans.

Aujourd'hui on ne s'en sort plus… Est-ce à dire qu'avant (mais quand ?) on s'en sortait mieux ? Ma mère disait jadis : la concierge y arrive, je devrais y arriver moi aussi. À ses yeux, la concierge incarnait une personne n'ayant pas fait d'études mais nécessairement dotée d'un solide bon sens. Dans ma famille on ne croyait guère que l'éducation soit une science. L'instinct, le bon sens et des parents intelligents devaient suffire. Mais pas toujours. L'expérience m'a appris qu'il arrive que les parents aient besoin d'aide. Et cette aide doit être personnalisée, partir de ce qu'ils vivent, de leurs valeurs, de leurs aspirations et de leurs possibilités. Le psy n'est ni un expert, ni un donneur de leçons.

L'intérêt porté à l'éducation des enfants n'est pas nouveau. Il est devenu de nos jours une véritable passion et un marché lucratif d'autant plus que la maîtrise de la fécondité a fait de la procréation un événement choisi et désiré. « La baisse de la fécondité à la fin du XIXe siècle a été interprétée comme le signe d'un changement dans la relation parent-enfant dans laquelle l'affection est désormais au centre, l'enfant devenant "précieux". Le contrôle de la fécondité permettrait d'investir tant sentimentalement que financièrement dans la "qualité" des enfants[1]. » Le désir de faire au mieux pour ses enfants est une ambition légitime et largement partagée.

Toujours les grands classiques

Les parents arrivent en général à la consultation avec un problème déjà constitué. C'est ce problème, cette difficulté qui fait qu'ils ont besoin d'aide. C'est de là qu'il faut partir. Il s'agit le plus souvent de difficultés relationnelles au sein de la famille. Cela n'a pas changé, ce qui a évolué entre aujourd'hui et hier, c'est l'intensité du problème.

Dans les années 1980, on ne se rendait chez le psy que faute d'avoir trouvé une autre solution, en dernier recours, pour des difficultés qui en général duraient depuis longtemps. Des troubles psys avaient pu se manifester chez un pour plusieurs membres de la famille, cause ou conséquence d'un dysfonctionnement familial. Plus tard, à partir des années 2000, j'ai été frappée par des demandes de consultation pour des problèmes qui pouvaient sembler bénins : refus d'obéissance d'un enfant, divergence entre les parents sur l'éducation…

J'ai été très touchée par cette jeune mère tunisienne amenée par son mari parce qu'elle refusait de s'occuper de son bébé premier né. Nous sommes au début des années 1980.

> « Qu'est ce qui se passe ?
>
> – Depuis que je suis rentrée de la maternité, mon fils ne fait que pleurer. Je n'arrive pas à le nourrir, je ne veux plus m'en occuper. »

Au cours de l'entretien, la jeune femme décrit sa déception lors de l'accouchement de voir que son bébé, le premier né, est si chétif. Elle attendait un beau (gros) bébé, et « il était tout maigre, pas beau ». Je lui explique que les nouveau-nés ont souvent l'air malingre, que son fils va grossir et devenir rapidement un bel enfant, qu'elle n'a pas à avoir honte. Je pense alors que de nombreuses mères, surtout au décours de la naissance de leur premier enfant, gagneraient à se voir systématiquement proposer une ou deux rencontres au cours desquelles elles pourraient exprimer leur désarroi, leurs craintes, leurs difficultés. Le caractère systématique est important, car il évite le sentiment que « tout le monde s'en sort sauf moi ». Le but d'une telle consultation serait de permettre à la jeune mère, ou au couple parental, ce qui est encore mieux, de parler sans honte de ce qui leur pose question. La naissance d'un enfant désiré est censée n'être que joie et bonheur. Certes. Mais il n'est pas toujours facile de gérer les bouleversements personnels, conjugaux et familiaux liés à l'arrivée d'un bébé. Pouvoir s'ouvrir sans crainte de ce qui est difficile est utile. C'est une vraie prévention des troubles précoces de la relation parent-enfant. Ce dispositif de bon sens n'a été mis en place en

France de façon systématique qu'à partir de 2022, au titre du dépistage de la dépression du post-partum, soit plus de quarante ans après la consultation évoquée ci-dessus. Il est encore trop tôt pour en mesurer l'impact.

Nous sommes en 1990. Je reçois un couple de jeunes parents. Ils sont en désaccord sur la conduite à tenir vis-à-vis de leur fils qui, âgé maintenant de presque trois ans, refuse de dormir dans son lit. Toutes les nuits, après qu'il s'est non sans mal assoupi dans sa chambre, il se réveille, hurle, jusqu'à ce que sa mère vienne le chercher et le couche au milieu du lit conjugal où il se rendort paisiblement jusqu'au lendemain matin.

> « À la crèche, la psychologue m'a dit que ce n'est pas normal, qu'un enfant de 3 ans doit dormir seul dans son lit. Si on laisse faire, il aura des problèmes plus tard... Avec mon mari, on se dispute. Moi je pense qu'on ne peut pas le laisser hurler toute la nuit, surtout qu'on doit aller travailler le lendemain. Et les voisins entendent tout.
>
> – Moi je pense que c'est la faute de ma femme, elle lui cède tout et il devient capricieux. »

Cet échange amène deux types de réflexions. La première concerne la norme éducative. La psychologue *sait* qu'un enfant ne doit pas dormir dans le lit de ses parents. La science l'a largement démontré et les parents qui ne font pas comme il faut seront responsables, voire fautifs, si d'aventure il y a des problèmes plus tard... Aujourd'hui certains psys recommandent que le bébé partage jusqu'à 6 mois la chambre de ses parents, ce qui était radicalement proscrit il y a seulement quelques années...

Nul besoin d'attendre les controverses actuelles, il y a longtemps que certains psys pensent pouvoir dire aux parents comment ils doivent se comporter avec leurs enfants. J'ai observé qu'en général (heureusement ?) cela reste sans effet, les parents continuant comme par le passé :

> « On a bien essayé mais il a tellement crié qu'on n'a pas tenu. »

Et c'est ainsi qu'aux insomnies s'ajoute le sentiment d'être des mauvais parents, de manquer d'autorité.

L'autre sujet est la mésentente conjugale. En quarante ans, l'équilibre des couples a été considérablement modifié : les pères s'impliquent plus dans l'éducation des enfants, tout en voyant leur autorité facilement contestée par leur partenaire. Le modèle « classique » de la famille – père distant des questions domestiques mais dont on respecte la parole, mère en charge de l'éducation des enfants – s'est peu à peu délité. Jadis, les pédiatres comme les psys ne voyaient pratiquement jamais les pères amener leurs enfants à la consultation. Ce n'est plus le cas de nos jours. Ce double mouvement d'implication des pères et de contestation des mères peut générer des conflits d'autorité sur les enfants. Les psys peuvent être pris à partie pour dire qui a tort et qui a raison. Notre travail consiste non pas à donner des leçons aux parents ou à trancher la polémique, mais à essayer de faire en sorte qu'ils puissent se mettre d'accord sur une conduite qu'ils peuvent tenir durablement et sur le moyen d'appliquer leur décision partagée. L'essentiel est à mes yeux que l'enfant ne devienne pas involontairement le symptôme du conflit de couple larvé.

De nouvelles théories éducatives qui posent problème

Il arrive que les adultes qui viennent consulter en se plaignant de difficultés avec leurs enfants attribuent ces problèmes à leur incapacité à leur donner une éducation adéquate.

Jusqu'à ces dernières années, on essayait d'élever son enfant à partir de ce que l'on avait vécu soi-même comme enfant. Ce n'est plus tout à fait vrai désormais.

> « J'ai trop souffert quand j'étais enfant car mes parents étaient très sévères, je n'avais le droit de rien faire. Alors avec mon fils, j'ai décidé de faire le contraire : le moins de contraintes possible, je ne veux pas qu'il vive ce que j'ai vécu. »

> « J'ai eu des parents formidables. Je veux élever mon enfant comme j'ai été élevée, lui donner ce que j'ai reçu. »

La plupart des projets éducatifs oscillent entre ces deux pôles : l'opposition et la transmission. Les difficultés arrivent quand l'enfant manifeste qu'il n'est pas la stricte copie de son père, ou de sa mère, qu'il n'a ni les mêmes désirs, ni les mêmes besoins. La situation est d'autant plus compliquée que, d'une manière générale, ce sont deux personnes avec des histoires et des aspirations différentes qui conçoivent et élèvent un enfant. Souplesse, sens du compromis et de la négociation sont donc nécessaires. Un projet éducatif trop rigide se heurtera de plein fouet à la réalité. Notre travail de psy consiste à aider les parents à rendre explicite leur système de valeurs et à tenter de comprendre ce qui pose problème dans la situation qu'ils décrivent. Avoir deux parents (y compris de même sexe) est une richesse. Comme disait Carl Whitaker (1912-1995), médecin américain, pionnier de la thérapie familiale : « Pour élever un oiseau, un parent suffit, pour un enfant, deux c'est mieux. » Doivent-ils pour autant être d'accord sur tout ?

« On ne s'en sort pas avec notre fille. Quand je lui demande de venir à table à l'heure et correctement vêtue, elle me dit que je fais des histoires pour rien, que ça ne se fait plus. Ça finit dans les cris, ma fille file dans sa chambre et on ne peut plus avoir un repas de famille au calme.

– Il faut dire, docteur, que mon mari est très vieux jeu. Je crois qu'il ne comprend pas les jeunes d'aujourd'hui.

– Voilà ! vous voyez, docteur, ma femme me critique tout le temps. Elle soutient sa fille contre moi. Vous trouvez ça normal ?

– On devrait pouvoir parler d'une seule voix. Je vois bien que ma fille joue sur nos désaccords, et à chaque fois ça se termine en dispute. »

J'ai surpris beaucoup de parents en leur expliquant que je ne considère pas qu'il soit indispensable d'être toujours d'accord. C'est impossible et ça n'est même pas souhaitable. Pourquoi être deux si c'est pour parler d'une seule voix, et d'ailleurs laquelle ?

« Votre fille est intelligente. Elle a bien compris que vous aviez des sensibilités différentes et elle sait pertinemment ce qu'elle peut attendre de chacun de ses deux parents. Plutôt que d'essayer de vous mettre d'accord, ce qui me paraît impossible, je vous suggère d'essayer de mieux gérer vos désaccords. Il n'est pas indispensable que vous soyez d'accord sur tout, vous avez chacun votre histoire, votre personnalité, et il n'y a aucune raison que monsieur s'efface devant madame ou l'inverse. »

Cette proposition permet à la discussion de sortir de son cours habituel et offre un nouveau champ de dialogue. Tantôt les deux parents, offusqués par mon idée, se retrouvent d'accord pour dire que je raconte n'importe quoi (et c'est déjà intéressant qu'ils aient trouvé un sujet d'accord), tantôt ils vont commencer à réfléchir à la façon dont ils pourraient gérer différemment leur conflit. Et il arrive qu'ils trouvent des solutions auxquelles je n'aurais jamais pensé...

« Ma fille refuse d'aller à l'école, que pouvons-nous faire ?

– Ma femme en fait toute une histoire, mais pour moi ce n'est pas grave. Je n'ai pas fait d'études, cela ne m'a pas empêché de réussir dans la vie... »

Dans ma famille, les études, c'était sacré. Ma mère veillait scrupuleusement à ce que les devoirs soient faits et les leçons sues au mot près. Mes deux frères, ma sœur et moi-même avons fait des études supérieures qui nous ont permis de bénéficier à plein de l'ascenseur social propre aux années 1960-1970. Je suis donc déroutée quand j'entends un père énoncer que les études ne servent à rien. Mais je suis psy. Mon travail n'est pas, je l'ai dit, de donner des leçons, mais d'essayer de comprendre ce qui se passe et de proposer un sens non stigmatisant au comportement de la jeune fille. Je pense qu'elle est prise dans un conflit de loyauté entre son père et sa mère, et je vais tenter de l'aider à décider le plus librement possible, avec l'accord des deux parents, de ce qui est important pour elle et son avenir. Je ne donne pas de recette pour traiter un cas de phobie scolaire, je considère une personne (ici la jeune fille) dans la singularité de son contexte de vie.

Victimes de leur éducation

J'ai reçu beaucoup de patients qui, devenus adultes, considèrent que leurs difficultés actuelles sont dues à l'éducation que leur ont donnée leurs parents.

> « Vous allez comprendre, docteur. J'ai eu des parents extrêmement exigeants. Ils n'étaient jamais satisfaits : si j'avais 18 sur 20 au contrôle de maths, il aurait fallu que j'aie 19 ou 20. J'ai beau avoir plus de 50 ans, je n'ai aucune confiance en moi, je me sens toujours jugée, et mal jugée. Ce qui fait que je suis en dépression depuis des années. »

Comme le dit Charles Pépin, évoquant le cas d'une femme qui ne s'est jamais sentie estimée par son père, « mais qu'est ce qui l'empêche de vivre au juste ? Est-ce la mémoire épisodique, autrement dit l'attitude de son père ? Non. C'est la règle de vie implicite qu'elle en a tirée, à savoir : je ne suis pas digne d'être aimée, on ne me regarde pas même quand je fais des choses bien, je n'ai pas de valeur[2]… ». Tout est là. Si l'éducation reçue imprime forcément sa marque sur l'adulte que nous sommes devenus, rien ne nous oblige à croire qu'on ne peut déroger sans trahir aux règles fixées par nos parents quand elles ne nous conviennent pas. Si pour ses parents ma patiente n'en faisait jamais assez, rien, pour paraphraser Charles Pépin, ne l'oblige à en faire une règle de vie. Elle a le droit de se satisfaire de qui elle est et de ce qu'elle fait. C'est ici que, quel que soit le type de thérapie, le travail psy peut l'aider à se dégager des ukases parentaux et à reprendre confiance en ses capacités.

Cette question du lien entre la souffrance actuelle d'une personne et la façon dont ses parents se sont comportés est vieille comme le monde. Mony Elkaïm (1941-2020), psychiatre, psychothérapeute, qui me forma jadis à la thérapie familiale, aimait citer pour illustrer ce point cette phrase tirée de l'Ancien Testament : « Les pères ont mangé des raisins verts et les enfants en ont eu les lèvres agacées[3]. » Ce qui a pu changer en quarante ans, ce n'est sans doute pas cette problématique, mais peut-être l'intérêt que les consultants et les psys lui portent, j'y reviendrai.

Coupable, forcément coupable

1984 : Ma fille a tenté de se suicider. Je suis sûre que c'est de ma faute, elle n'était pas une enfant désirée.

2024 : Mon fils est bipolaire. Ça doit être génétique.

Les parents dont un enfant, quel que soit son âge, présente des troubles psys, sont le plus souvent taraudés par la culpabilité. En 1980, certains psys pas toujours bien inspirés par la psychanalyse tenaient les parents, et surtout les mères, pour responsable des troubles de leurs enfants. J'ai accompagné pendant de nombreuses années une dame d'âge mûr dont la fille, elle-même largement quadragénaire, souffrait d'une forme sévère de schizophrénie qui l'amenait à des séjours prolongés à l'hôpital psychiatrique.

« Je suis tombée enceinte à l'âge de 17 ans. J'étais alors en classe terminale, le père était dans le même lycée que moi. Nos parents nous ont forcés à garder l'enfant et à nous marier. Notre couple n'a jamais fonctionné, j'ai accouché et je suis restée vivre chez mes parents, qui ont accaparé ma fille. Je pense que c'est ma faute si elle est malade, je n'aurais jamais dû obéir à mes parents, j'étais trop jeune et incapable d'être mère. »

Inutile de lui dire qu'elle n'est responsable de rien et qu'elle n'a aucun reproche à se faire, la culpabilité accompagnera la relation avec sa fille durant toute son existence. La personne qui se sent coupable est débitrice à vie envers celui ou celle qu'elle pense avoir lésé. Ma patiente était ainsi incapable de s'opposer aux désirs de sa fille, au détriment de sa vie personnelle et professionnelle.

Au fil des années, cette femme avait rencontré plusieurs générations de psys et avait dû subir les discours culpabilisants en vogue au siècle dernier (mère pathogène, fille victime). Ces discours s'accompagnaient de pratiques visant à séparer la fille de sa mère, pratiques qui trouvaient leur limite quand il fallait faire sortir la jeune femme de l'hôpital où les visites avaient été interdites pendant toute la durée du séjour. On se rappelait alors opportunément l'existence de la mère qui était sommée de « reprendre » sa fille… Comme elle se sentait coupable, elle obtempérait sans broncher, pour le bien de sa fille pensait-elle.

J'ai bien souvent vu la culpabilité à l'œuvre dans de nombreuses familles dont un des enfants était consommateur de drogues. Le jeune pouvait alors utiliser la culpabilité parentale pour se procurer argent, gîte et couvert. Les parents contribuaient bien malgré eux à faire perdurer une situation qui pourtant les faisait souffrir :

> « Je ne peux quand même pas la mettre à la rue, elle va se prostituer, finir en prison, se faire tuer. Et ça, je ne pourrai le supporter. »

Conseiller aux parents de faire ce qu'ils ne peuvent pas faire est inutile et même contreproductif.

En 2024, la question de la responsabilité parentale dans les troubles que présentent les enfants se pose sans doute en des termes différents qu'en 1980. D'un côté, l'idée que certains troubles tels que l'autisme ou la schizophrénie ont une origine génétique déculpabilise les parents, et au premier chef les mères, qui passent de coupables d'une relation toxique à victimes des gènes défaillants de leurs enfants. D'autre part, on va le voir, l'attention extrême portée aux effets néfastes d'une éducation qui ne respecterait pas les ukases de certains spécialistes peut rendre les parents coupables du moindre problème posé par leur progéniture.

Quel que soit le modèle auquel on se réfère, ce qui est fait est fait. La culpabilité est toujours mauvaise conseillère, mais chacun doit vivre avec. Le travail psy peut seulement permettre d'en percevoir les effets délétères et de s'employer à les limiter. Ce précepte est pour moi immuable.

La « bonne » éducation, une illusion contemporaine

Aujourd'hui, la polémique fait rage entre les tenants de l'éducation positive et ceux qui prônent un retour à l'autorité. Ce type de polémique n'est pas nouveau.

Le livre de Benjamin Spock, *Comment soigner et éduquer son enfant*, paraît aux États-Unis en 1946 et en France en 1952. Le titre original, *The Common Sense Book of Baby and Child Care*, fait ouvertement référence à la notion de bon sens. C'est un best-seller traduit et lu dans le monde entier. Le livre tord le bras à la conception alors en vigueur qui fait de l'éducation une sorte de dressage : apologie de la discipline, horaires réguliers pour manger et dormir, éviter d'être trop tendre et trop câlin avec les enfants pour les préparer à la dureté de la vie... Spock s'intéresse aux besoins des enfants et à la dynamique familiale. Il dit aux mères : « Vous en savez bien plus que vous ne croyez » et encourage les parents à être plus souple et affectueux avec leurs enfants, à ne pas appliquer des recettes toutes faites. Ce message n'est pas dénué de paradoxe, dans la mesure où le Dr Spock ne se prive pas de donner, dans son livre, de nombreux conseils et recettes… Spock fut accusé, ce dont il s'est toujours défendu, de prôner la permissivité et d'être ainsi responsable, entre autres, des mouvements contestataires des années 1960.

Rien de nouveau sous le soleil : on retrouve aujourd'hui le même type de controverse entre les tenants de « l'éducation positive » d'une part et de l'autorité de l'autre. La caricature alimente la polémique, la polémique fait vendre des livres et monter les audiences. Le tout repose, comme le remarque à juste titre Sandrine Garcia[4], sur un présupposé commun : « Les experts des deux méthodes s'opposent, mais ils appartiennent au même espace au sens où ils dénient aux parents la compétence. »

On voit bien l'intérêt de ce déni. Si les parents sont incompétents, en revanche il ne manquera pas d'experts pour leur dire ce qu'ils doivent faire et ne pas faire. Prenons ceux (celles en l'occurrence) qui tiennent aujourd'hui le haut de l'affiche.

Le Dr Catherine Gueguen, pédiatre, et Isabelle Filliozat, psychothérapeute et essayiste, défendent ce qu'il est convenu d'appeler l'« éducation positive ». Sur Internet, de nombreux sites ou blogs expliquent ce qu'est cette fameuse éducation positive. Le site « les Minimondes[5] » est un archétype, ils sont tous plus ou moins construits sur le même modèle. Il s'ouvre sur l'interrogation suivante : « Amis, parents, nous sommes nombreux à nous poser cette question : y a-t-il une **"bonne manière" d'éduquer**

ses enfants ? » (C'est écrit en caractères gras sur le site, NDLR). Le lecteur aura compris que la réponse est oui. Sinon on s'arrête là. S'ensuit un chapelet de termes tous positifs, écrits eux aussi en gras : « **non-violence, respect des besoins, autonomes, environnement épanouissant, bienveillant** mais **ferme** ». (On ne saurait dire le contraire : violent ? malveillant ? et mou ? NDLR).

À première vue, tout cela ne peut pas faire de mal. Cependant la notion de « bonne manière » d'éduquer les enfants pose déjà question, comme s'il n'y avait qu'une « bonne » façon de faire, toutes les autres étant fatalement mauvaises. Il existe de nombreuses façons d'élever des enfants, aucune n'étant parfaite et aucune n'étant absolument détestable. Bien sûr, je ne défends pas ici la violence physique ou psychique, les privations, la maltraitance. Certains comportements sont à juste titre passibles des tribunaux, les enfants ont des droits (à l'éducation, au jeu, à un milieu favorable et à des soins de santé) reconnus par l'Assemblée générale des Nations unies depuis 1959. Mais, au niveau des familles, la notion de bonne éducation questionne les valeurs, les priorités, les hiérarchies, l'histoire personnelle des parents.

On cite souvent ce propos prêté à Sigmund Freud en réponse à une mère qui lui demandait comment éduquer son enfant : « Quoi que vous fassiez, de toute façon ce sera mal. » C'est le contrepied exact de la notion de « bonne éducation » qui fonde toutes ces théories en vogue de nos jours. Qu'il s'agisse d'éducation positive ou du fameux « time-out » – pratique qui consiste à envoyer un enfant dans sa chambre en cas de comportement problématique – censé incarner une forme d'éducation fixant un cadre et des limites, dans tous les cas il s'agit de promouvoir une « bonne » façon de faire et d'aider des parents *a priori* incompétents. On a beaucoup glosé sur ces propos attribués à Freud, certains (sans doute ceux qui croient à la « bonne » éducation) y voyant une tentative de culpabiliser les parents tandis que d'autres, dont je suis, trouvent au contraire ce propos libérateur : on fait de son mieux, certes, mais de toute façon il y aura des imperfections que vos enfants trouveront toujours à vous reprocher. Vouloir faire un sans-faute en matière d'éducation est non seulement illusoire, mais contreproductif. Avoir des parents parfaits n'est pas toujours une sinécure, et les enfants se construisent aussi à travers les manques et les imperfections parentales.

Je reviens au site « les Minimondes ». À la fin du paragraphe consacré à la définition de l'éducation positive, je lis : « c'est une méthode éducative validée par les neurosciences ». C'est l'argument ultime : si c'est scientifique alors…

Puisque c'est la science qui le dit

J'ai cherché à en savoir un peu plus. Pour ce faire, je conseille au lecteur d'écouter en podcast la rediffusion de l'émission de vulgarisation scientifique de France Inter « La tête au carré » intitulée : « L'éducation à la lumière des neurosciences[6] ». La pédiatre Catherine Gueguen et la psychothérapeute Isabelle Filliozat précisent d'emblée qu'elles ne sont pas « neuroscientifiques » mais qu'elles sont toutes deux « passionnées de cerveau ». Soit. Je ne vais pas chercher à réfuter point par point leur argumentation. N'étant pas plus neuroscientifique qu'elles, je risque d'écrire des sottises ou a minima d'être approximative. Je ressens toutefois un malaise quand elles déroulent leur conception générale de l'enfant, du lien entre ses gènes, son cerveau, sa personnalité, son comportement. L'enfant est décrit comme une sorte de cerveau sur pattes ; le cerveau de l'enfant étant plastique réagit à la moindre incitation par des modifications structurelles et fonctionnelles qui sont bien souvent irréversibles. De « nombreuses études » confirment ce qu'on savait déjà : le comportement de l'enfant est naturel, tous les enfants font la même chose, par conséquent un comportement parental stéréotypé convient à tous. L'expérience modèle ce qu'on est, qui est essentiellement commandé par le cerveau. L'expérience façonnant celui-ci, les expériences négatives le modèlent négativement. CQFD. Un exemple : il faut absolument éviter de donner des ordres à un enfant, un ordre l'empêche de mobiliser son cortex préfrontal siège du libre arbitre. Par conséquent, il ne faut pas dire : « prends ton cartable s'il te plaît », c'est un ordre, mais « cartable !! ». Je n'invente rien... Je ne suis pas certaine que cette façon de s'adresser à son enfant soit propice à son épanouissement, mais si la science le dit...

D'une manière générale, les notions scientifiques les plus pointues sont utilisées d'une façon caricaturale pour justifier une approche et rendre toute contestation non pertinente : puisqu'on vous dit que c'est scientifique. Le parent moyen, qui sent intuitivement qu'on peut de temps en temps donner un ordre à son enfant sans lui détruire le cerveau, sera renvoyé à son ignorance forcément coupable. Et c'est là pour moi que le bât blesse. L'incompétence des parents entraînerait des dégâts irrémédiables sur le cerveau de l'enfant et grèverait son avenir. J'ai été élevée par des parents certes globalement bienveillants, mais qui ont dû me donner parfois des ordres, et qui sait une ou deux fessées. Je partage cette expérience avec nombre d'adultes de ma génération. Nous ne sommes pas tous dans un état psychique catastrophique. Ce qui fait un être humain dépend de multiples facteurs. L'éducation donnée par les parents joue certes un rôle, mais les gènes, l'école, la vie en dehors de la famille, le hasard, la société sont également impliqués, et le cerveau n'est pas aussi fragile que semblent le penser Catherine Gueguen et Isabelle Filliozat. Inutile donc de terroriser les parents. Je ne jetterai toutefois pas le bébé avec l'eau du bain. Prôner la bienveillance, attendre des parents et des éducateurs qu'ils s'intéressent aux besoins de l'enfant et qu'ils agissent en conséquence, les aider quand c'est nécessaire, je suis pour.

La quête d'un alibi scientifique pour étayer les théories éducatives n'est sans doute pas nouvelle. Dès la fin du XIXe siècle, la psychologie s'efforce de se fonder sur les données de la science, Freud définit la psychanalyse comme « la science de l'inconscient », les premières chaires d'enseignement des « sciences de l'éducation » sont créées dans les universités françaises… C'est la grande époque de la philosophie positiviste d'Auguste Comte qui veut que toute chose puisse être expliquée par les découvertes des sciences fondamentales. En France, la culture scientifique est peu répandue, mais cela n'empêche pas de chercher la caution de la science pour tout et n'importe quoi. La chanteuse Rika Zaraï, auteure à succès en 1986 de *Ma médecine naturelle* faisait régulièrement état des travaux de « grands savants » qui auraient démontré les bienfaits des bains de siège froids pour combattre toutes sortes de maladies. Lors de l'épidémie de Covid-19, même les opposants les plus farouches à la vaccination cherchaient à fonder « scientifiquement » leur argumentation et à étayer leur propos sur des travaux de « grands professeurs » ou supposés tels. Un célèbre parfumeur a mis récemment sur le marché une crème antirides « quantique »… Ce qui est nouveau, en revanche, c'est le développement des connaissances sur le fonctionnement du cerveau et leur diffusion vers le grand public.

Caroline Goldman, psychologue et psychanalyste, est vent debout contre les idées prônées par les défenseuses de l'éducation positive. Cependant, elle partage avec ses adversaires plusieurs *a priori*. Les parents sont souvent incompétents et ont besoin des conseils de spécialistes, la psychanalyse est une science et c'est bien la science qui doit guider les comportements des parents envers leurs enfants.

Tout l'été 2023, Caroline Goldman a pu, sans contradicteur ni même dialogue téléphonique avec des auditeurs, délivrer ses conseils sur France Inter. Jamais prise au dépourvu, elle a une solution pour toutes les situations, et vient à bout de tous les problèmes. Elle n'hésite pas à se donner en exemple, elle a magnifiquement réussi avec sa fille grâce à une éducation qui fixe des limites, le « time-out » étant l'alpha et l'oméga de sa méthode. J'ai écouté la plupart de ses chroniques de l'été 2023, qui contiennent bien des affirmations infondées : « chez l'enfant la dépression est une maladie de l'amour qui signe toujours un manque de présence, de joie, de soutien familial[7] », « c'est le malheur qui crée la folie[8] », « la psychanalyse le [l'enfant] guérit en donnant du sens à l'origine de ses souffrances[9] ». Je partage l'idée qu'il faut essayer de comprendre ce qui se passe quand un enfant va mal plutôt que de se précipiter sur les diagnostics et les traitements médicamenteux. On sait aujourd'hui que certaines pathologies, comme l'autisme ou la schizophrénie, ont une origine génétique. Il est utile de s'intéresser aux aspects psychiques et relationnels de celui qui en souffre mais si le travail psy peut considérablement améliorer l'existence de ces malades et de leur entourage, il ne les guérira pas.

Surtout, je doute de l'utilité de donner aux parents des conseils stéréotypés et ce d'autant plus qu'il s'agit d'un sujet comme l'éducation des enfants, qui engage l'histoire personnelle et familiale, les valeurs, la personnalité tout entière. Caroline Goldman, qui cite Freud à tout bout de champ, ne fait à l'évidence pas sienne la phrase évoquée plus haut : « de toute façon vous ferez mal », qui laisse peu d'espoir que quiconque puisse savoir avec certitude, à partir de la psychanalyse, comment bien élever son enfant.

Aujourd'hui, on ne peut plus élever les enfants comme avant

Comment faire au mieux avec son enfant ? La préoccupation n'est pas nouvelle.

Les sujets évoqués – désarroi d'une mère à la naissance de son premier enfant, désaccord parental sur la conduite à tenir, valeurs divergentes entre les deux parents, adultes victimes de leur éducation, culpabilité parentale – traversent le temps. Alors, qu'est-ce qui a changé en quarante ans ?

Le désarroi actuel de nombreux parents vient en grande partie du sentiment qu'on ne peut plus élever les enfants comme on a été élevé soi-même tant le monde a changé. Les enfants d'aujourd'hui grandissent dans un univers saturé d'écrans, hyperconnecté, conscient des dangers du réchauffement climatique, de la pollution, du terrorisme… Le cocon familial a perdu son caractère protecteur et les parents ne se considèrent plus comme suffisamment compétents face aux défis du monde moderne. D'où le recours aux « experts » en éducation, mais aussi quand on ne s'en sort vraiment plus à une pathologisation du comportement problématique de l'enfant :

« Mon fils est addict aux écrans, il a besoin de soins. »

« Ma fille est *(au choix)* dyspraxique*, HPI**, TDAH. »

La demande des parents n'est pas qu'on les aide à s'en sortir mieux avec leur enfant. Ils partent perdants d'avance et s'en remettent donc à la science et aux sachants. D'où le succès, on l'a vu, des livres, émissions, blogs consacrés à l'éducation des enfants. D'où aussi l'engouement pour des thérapies fondées sur des diagnostics pas toujours posés dans les règles de l'art.

1984 : Les parents se plaignent que leur enfant passe trop de temps devant la télé. Le travail psy vise à les aider à faire respecter un minimum de règles. L'accent est mis sur les interactions parent/enfant.

2024 : Ce ne sont plus les parents qui sont en difficulté, c'est l'enfant ou l'adolescent qui a un problème d'addiction. La demande d'aide s'est déplacée de la relation parent/enfant à l'enfant souffrant d'une addiction qui doit être soignée.

L'addiction se caractérise par l'impossibilité répétée de contrôler un comportement visant à produire du plaisir ou à écarter une sensation de malaise interne en dépit de la

* Trouble des capacités à effectuer certains gestes ou activités volontaires.

** Haut potentiel intellectuel : se dit en théorie d'une personne dont le quotient intellectuel est supérieur à 130, la moyenne étant à 100.

connaissance de ses conséquences négatives pour soi, son entourage ou la société. Il est de loin préférable d'aider les parents à réguler l'usage des écrans par leurs enfants, comme le propose le Dr Serge Tisseron dans son ouvrage *3-6-9-12*[10], que de transformer une mauvaise habitude ou un conflit parent-enfant en pathologie d'autant que, comme le souligne l'Académie des sciences à propos de l'addiction aux écrans : « Aucun consensus, aucune étude ne permettant d'affirmer l'existence d'addiction au sens qui est reconnu à ce mot. Les comportements de repli observés peuvent constituer pour la majorité une forme de fuite qui disparaît avec le traitement du trouble sous-jacent (dépression, problèmes relationnels etc.). Quant aux attachements les plus extrêmes, ils pourraient révéler des pathologies compulsives qui ont toujours existé[11]. »

En janvier 2024, le président de la République charge une commission d'experts d'évaluer l'impact de l'exposition des jeunes aux écrans et de faire des propositions pour en limiter les effets néfastes. Le rapport[12] rendu en avril confirme qu'un usage des écrans trop important ou trop précoce n'est pas sans conséquence. Il s'agit pour l'essentiel de troubles du sommeil, de prise de poids et de retard dans l'acquisition du langage. On ne saurait exclure des effets plus sévères tels que les troubles neurodéveloppementaux ou l'addiction, mais ils ne sont à l'heure actuelle pas confirmés par la science. Les préconisations de ce rapport concernent la puissance publique, à qui il incombe de mettre en œuvre un ensemble d'actions visant, à travers des obligations imposées aux services numériques et des instructions données aux enseignants et éducateurs, de protéger les jeunes. Il ne s'agit pas de stigmatiser les parents, mais de les aider à appliquer en famille les « bonnes pratiques » concernant l'usage des écrans.

Comme le souligne le rapport, c'est l'ensemble de la société qui est concernée. Dans une famille ou les parents passent leur temps devant leur ordinateur ou leur téléphone, il sera compliqué d'obtenir que leur enfant ne fasse pas de même. En règle générale, ce sont les parents qui sollicitent le psy, le jeune qui abuse des écrans ne demandant qu'à pouvoir continuer sans être dérangé.

« Nous sommes inquiets, notre fils passe toutes ses nuits à jouer aux jeux vidéo, et le matin, il est tellement fatigué qu'il ne peut pas aller en classe.

– Qu'avez-vous essayé pour l'en empêcher et qui n'a pas marché ?

– On lui a supprimé l'ordinateur qu'il a dans sa chambre. On s'est vite rendu compte qu'il continuait à jouer sur son portable. Et quand on a essayé de lui prendre son portable le soir, il a fait une telle crise qu'on a eu peur, et on a renoncé. Enfin, c'est surtout ma femme qui n'a pas supporté de voir son fils dans cet état...

– Bien. Nous allons réfléchir ensemble à ce qui se passe dans votre famille, essayer de comprendre comment vous vous y prenez pour que ce soit votre fils de 12 ans qui fixe des règles auxquelles vous ne pouvez rien.

– Mais il faut que ça s'arrête tout de suite ! Ce que vous proposez va prendre du temps, et pendant ce temps-là, il manque l'école !

– Je comprends. Mais je ne crois pas qu'il existe une solution simple. Si c'était le cas vous l'auriez déjà trouvée et vous n'auriez pas besoin de moi. Donnez-moi un peu de temps. »

La question de l'usage problématique des écrans traverse la société tout entière et concerne bien des familles. Au-delà d'éventuelles mesures gouvernementales qui peuvent créer un contexte favorable, chacune d'entre elles doit trouver des solutions. Cela passe par un travail sur leur fonctionnement, leur système de valeurs, les relations parents-enfants, ce qu'il est possible d'imposer et nécessaire de négocier. Le rôle du psy est de les y aider.

TDAH : une épidémie ?

1984 : Docteur, il ne tient pas en place !

2024 : Je crois qu'il souffre de TDAH.

Dans les années 1980, le TDAH n'avait pas gagné la Picardie où j'exerçais alors. Il y avait des enfants instables, turbulents, indisciplinés, impulsifs, ayant du mal à se concentrer en dépit d'une intelligence normale, mais l'idée qu'il puisse s'agir d'un trouble avec des critères diagnostiques précis et un traitement spécifique n'avait pas encore gagné le grand public. Désormais, le TDAH fait l'objet de nombreux articles, blogs, émissions télé ou radio, mais, comme nous sommes en France, son existence, sa prévalence et son traitement font toujours débat. Or c'est le diagnostic psy le plus fréquemment posé chez les enfants.

« Ce sont souvent des garçons. Ils s'agitent, ne restent pas en place. Ce sont des enfants qui ont de grandes difficultés à se concentrer, et finalement leur excitation va parasiter soit l'environnement familial, soit leur école. Ces enfants seraient atteints de troubles de déficit de l'attention avec ou sans hyperactivité (TDAH) selon la classification américaine. Aux États-Unis, c'est la grande mode. Cette supposée pathologie a rencontré un succès inédit depuis dix ans, aboutissant au fait que près d'un enfant sur dix en serait atteint. Et corollaire, lesdits enfants peuvent être traités par un médicament, la Ritaline, qui est une amphétamine », peut-on lire sous la plume d'Eric Favereau, chroniqueur médical du journal *Libération*[13].

Tous les ingrédients du scepticisme à la française sont là : l'emploi du conditionnel (« seraient atteints »), il s'agit d'une mode, il faut se méfier de ce qui vient des États-Unis, c'est une « soi-disant pathologie » surévaluée et, *last but not least*, est-ce bien raisonnable de donner des amphétamines à des enfants ?

Avec le diagnostic de TDAH, on est passé en quelques années d'un ensemble de comportements de l'enfant (le TDAH de l'adulte est décrit, mais dans une moindre fréquence) connus depuis toujours et attribués selon les époques à des causes sociales, morales, familiales ou éducatives, à un trouble dont l'origine combinerait facteurs génétiques et facteurs environnementaux. Par facteurs environnementaux, on entend ici une consommation d'alcool et de tabac pendant la grossesse, l'exposition à diverses substances toxiques, la prématurité...

C'est un trouble, pas une maladie. Saisir la différence n'est pas intuitif. Un trouble est une altération du fonctionnement normal, sans que l'on puisse préjuger de la cause. Pour qu'on parle de maladie, il faut au minimum une hypothèse sur la cause des troubles, un ensemble de signes communs et des lésions anatomiques cohérentes. En langage commun, l'évocation d'un trouble inquiète moins que celle d'une maladie. Aucune imagerie cérébrale ne permet à ce jour d'identifier des lésions spécifiques du TDAH.

Sur le papier[14], avant toute prise en charge, un médecin spécialiste du TDAH est censé procéder à un bilan complet qui porte sur l'analyse dans la durée des comportements de l'enfant à l'école et en famille, un examen clinique et si besoin des tests neuropsychologiques. Tout cela pour dire qu'un diagnostic de TDAH ne saurait être fait à la va-vite, sur les seules doléances des parents, de l'école ou de l'enfant lui-même. J'ai recherché sur Doctolib un rendez-vous avec un praticien spécialiste du TDAH à Paris. J'en ai trouvé un certain nombre avec des délais inférieurs à un mois. J'ai toutefois été surprise de constater que les rendez-vous étaient d'une durée d'une demi-heure, ce qui peut sembler insuffisant compte tenu des investigations à mener.

Face à un enfant dont le comportement peut perturber lourdement la vie familiale, qui pose un problème à l'école et qui suscite des inquiétudes pour son avenir, certains parents vont droit au but :

> « Docteur, mon fils a un TDAH, il lui faut de la Ritaline*. »

De nombreux récits circulent concernant des prescriptions express de Ritaline :

« En ce samedi 13 avril 2019 à Paris, Mme Claire Leblon (...) s'installe dans la salle d'attente d'un cabinet de pédopsychiatrie avec Niels, son fils de 11 ans. Dans quelques minutes, le garçon fera face au médecin qui le questionnera encore sur ses résultats scolaires et son comportement. Après quelques minutes en position assise, le garçonnet commence à gigoter, se lève, se rassoit, puis prend le smartphone de sa mère pour y faire défiler des photographies de villes, sa passion du moment (...). Patatras ! Le portable tombe par terre. Mme Leblon est ulcérée ; sa voix monte d'une octave. Cette scène est pour

* Nom commercial le plus connu du méthyphénidate.

elle une preuve supplémentaire que son fils est différent, intenable, incorrigible. Elle a trouvé le bon mot il y a quelques années : "hyperactif". Ses bêtises l'exaspèrent, tant à la maison qu'à l'école[15]. »

Et bien sûr le médecin, sans hésiter, prescrit la « pilule de l'obéissance », la fameuse Ritaline.

L'auteur de l'article cité ci-dessus a une vision naïve et romantique des troubles du comportement de l'enfant, qui transforme l'hyperactivité en désobéissance (forcément légitime), l'enfant hyperactif en rebelle, la mère excédée (où est le père ?) en dragon qui veut mater son enfant, le médecin en complice de celle-ci. Mais la prescription « automatique » de Ritaline sans examen correct n'est pas acceptable. Les praticiens doivent faire face à des parents épuisés et des enfants qui sont bien souvent en difficulté dans leur famille et en échec scolaire. Devant un tel tableau, il est tentant d'offrir une réponse rapide et simple à mettre en œuvre si on la compare avec des psychothérapies contraignantes, de longue durée et aux résultats aléatoires. Résister à la tentation n'est pas toujours facile.

En France, deux camps se font face : ceux qui pensent que le TDAH est une réalité et que la Ritaline peut contribuer utilement à en apaiser les symptômes les plus gênants, et ceux qui considèrent que le TDAH est une invention des psys américains et que la Ritaline (parfois appelée *kiddy coke*, c'est dire !) vise à droguer les enfants pour la plus grande tranquillité des parents et des éducateurs.

Je ne penche pas pour cette vision. Sans doute y a-t-il des abus, et surtout des prescriptions hâtives. Sans doute le diagnostic de TDAH comprend une composante sociale importante : le seuil de tolérance à un enfant hyperactif n'est pas le même dans toutes les familles, dans toutes les écoles, dans tous les milieux sociaux. On ne peut exclure que selon la façon dont l'entourage réagit, les troubles se trouvent majorés ou minorés. Mais une fois que les problèmes sont installés, que l'enfant est en butte à des difficultés majeures dans ses apprentissages et sa vie relationnelle, que les familles sont à bout, que faire ? Prescrire prudemment un traitement, en suivre les effets et l'interrompre si les résultats attendus ne sont pas au rendez-vous ne me semble pas déshonorant.

Le débat autour des TDAH est emblématique du clivage qui existe aujourd'hui entre deux conceptions de l'enfant, de ses problèmes et de ses besoins.

En 1980, la psychanalyse tient en France le haut du pavé. Les émissions de radio de Françoise Dolto[16], les documentaires de Tony Lainé[17] contribuent à faire diffuser auprès d'un large public l'idée que l'enfant est une personne à part entière, qui comprend ce qu'on lui dit même quand il ne parle pas encore. L'idée domine qu'en mettant au jour les processus inconscients on peut venir à bout de bien des difficultés. Les troubles psys ont une origine psychogène, ce qui veut dire qu'aucune cause organique n'est à retenir. Leur traitement, surtout chez les enfants, est pour l'essentiel du registre de la psychothérapie par la parole. Ceux qui se risquent à suggérer qu'il pourrait exister une cause neurologique à certains troubles se font conspuer. Je me souviens d'un professeur de psychiatrie qui avait osé dire en 1978 devant un amphi d'étudiants en médecine que la dyslexie était une maladie neurologique et de la bronca qui s'en était suivie. Les parents ont une responsabilité importante dans le développement de leurs enfants et si d'aventure les enfants présentent des troubles, inutile de chercher ailleurs, ce sont eux (surtout les mères) les coupables. J'étais déjà à l'époque fortement agacée quand, dans des réunions d'étude de cas, quel que soit le trouble présenté, la cause était forcément : mère envahissante, père absent.

Petit à petit, d'autres conceptions ont gagné du terrain. L'idée est devenue acceptable (et scientifiquement démontrée) que certaines pathologies à manifestation psy ont une origine génétique, et donc organique. Des modalités thérapeutiques jusque-là inenvisageables sont aujourd'hui de mise : les thérapies cognitivo-comportementales, qui se focalisent sur les symptômes, mais aussi les médicaments, telle la Ritaline pour le traitement des TDAH. La demande des parents suit ces évolutions, beaucoup plus décomplexée aujourd'hui que jadis. Ils veulent – et comment leur donner tort ? – des traitements qui donnent des résultats rapides.

Dans les années 1980, la psychiatrie ne passait pas pour être particulièrement efficace et les attentes des parents étaient plus limitées qu'aujourd'hui.

Je note aussi que le rapport aux médicaments à donner aux enfants est devenu paradoxal. J'ai vu des femmes enceintes paniquer car elles avaient pris un comprimé de paracétamol et qu'elles craignaient pour la santé de leur bébé à naître tandis que la prescription de psychotropes à des enfants, parfois très jeunes, souvent à la demande des parents, ne cesse de croître...

3.

La médicalisation de l'échec scolaire

1984 : Mon fils ne fait rien à l'école, il n'arrive pas à apprendre à lire, il est dissipé et paresseux.

2024 : Mon fils est *(au choix)* dyspraxique, HPI, il souffre de TDHA.

Quand je suis arrivée en Picardie, j'ai été le témoin de situations que je n'imaginais pas devoir trouver à cent kilomètres de Paris. Un couple de personnes âgées se présente à la consultation, accompagnées de leur fils, qui a une quarantaine d'années.

« Nous nous inquiétons pour notre fils. Nous vieillissons, mon mari est malade du cœur, et on se demande ce qu'il va devenir quand nous serons morts. »

Le fils ne parle pas. Il est tranquillement assis entre ses deux parents et émet de temps en temps une sorte de grognement.

« Votre fils est suivi par un psychiatre, ou un médecin ?

– Pas vraiment. Quand il était petit, on a vite compris qu'il ne serait pas comme tout le monde. Je l'ai gardé à la maison, et quand il a eu 6 ans, je l'ai amené à l'école de notre village. Quand l'institutrice l'a vu, elle m'a dit qu'elle ne pouvait pas s'en occuper. Je suis donc rentrée chez nous et on l'a gardé. Mon mari travaillait comme chauffeur routier, il l'emmenait souvent avec lui, comme ça je pouvais faire tranquillement mon ménage. Les années ont passé et nous voilà. »

J'avais aussi été amenée à voir pour le renouvellement d'une allocation d'adulte handicapé deux jeunes filles jumelles homozygotes âgées d'une vingtaine d'années, manifestement autistes, accompagnées par leur mère, et qui n'avaient jamais quitté la ferme familiale pour une quelconque tentative de scolarisation ou un suivi psy.

Ce type de situation n'était à l'époque pas exceptionnel, dans une région défavorisée socialement, pauvre en structures de prise en charge pour les enfants souffrant de troubles psys et où les familles pouvaient assurer le gîte et le couvert à leurs enfants incapables de vivre de façon autonome. Une allocation d'adulte handicapé était bienvenue dans ces familles généralement pauvres mais disposant d'une maison individuelle pouvant accueillir tout le monde.

Ici, l'école ne joue aucun rôle, ni pour inclure des enfants présentant une pathologie psy manifeste, ni pour accompagner leur exclusion d'une structure permettant une prise en charge adéquate.

J'avais été frappée du fait que ces familles ne demandaient aucune aide autre que financière et qu'elles acceptaient sans sentiment de révolte ou d'injustice de devoir vivre pendant des années avec un enfant qui rendait leur vie passablement compliquée du fait de ses troubles. Les associations d'handicapés insistent sur l'idée que la notion même de handicap est fortement corrélée à l'environnement. Une personne qui se déplace sur un fauteuil roulant n'est handicapée que dans la mesure où elle ne peut circuler librement sur l'ensemble de l'espace public. S'il y a partout des plans inclinés et des ascenseurs, le handicap s'estompe. Dans ces familles picardes, l'environnement était organisé de telle sorte que les problèmes posés par les troubles du jeune soient réduits au maximum. Hors du cocon familial, bien sûr, c'était autre chose et c'est pourquoi les parents vieillissants s'inquiétaient à juste titre : une fois qu'ils ne seraient plus là, leur enfant serait confronté à un monde extérieur forcément beaucoup moins tolérant.

L'école était, pour certains enfants élevés dans des familles ayant peu de contact avec le monde extérieur, la première occasion de se confronter à d'autres normes que celles en vigueur à la maison.

> « Mon fils a 4 ans. Il ne parle pas, ça ne nous dérange pas. Moi je le comprends très bien comme ça et de toute façon, mon mari n'est pas très bavard. Mais à l'école, ils m'ont dit que ce n'était pas normal et qu'il fallait voir un psy… »

L'école détient une forte puissance normative. La question de savoir comment on considère et traite tous ceux qui n'arrivent pas à répondre convenablement à ses exigences se pose depuis son existence. Ce sujet gagne en acuité tandis que le nombre d'enfants accueillis s'accroît et que la durée de l'instruction obligatoire augmente.

En quarante ans, la façon d'appréhender ce sujet a changé du tout au tout.

1984 : Ma fille ne fait rien à l'école. Elle est dissipée, elle n'écoute pas la maîtresse. On a beau la punir, ça ne sert à rien. Pouvez-vous me donner des conseils ? Je ne sais plus comment faire.

2003 : Mon fils a des troubles cognitifs. Il n'arrive pas à apprendre correctement, il s'agite en classe. Son instituteur nous conseille de faire un bilan neuropsychologique et orthophonique.

La grande crainte des familles, c'est toujours de voir leur enfant « orienté » dans une classe ou un établissement spécialisé ce qui, pour elles, signifie un avenir compromis. Dans le contexte des années 1980 comme aujourd'hui, l'école est toujours investie de la mission de préparer l'avenir des enfants en leur donnant le meilleur niveau d'enseignement possible. C'est pourquoi la plupart des parents sont prêts à faire tout ce qu'on leur demande, quoi qu'ils en pensent.

1984 : « L'échec scolaire est souvent un signe pathologique[1]. » Ici, l'échec scolaire est vu par les psys comme un symptôme qui « est, aujourd'hui, le motif le plus important d'une consultation de psychiatrie infanto-juvénile (...). C'est dire que les médecins praticiens, comme les familles, ont mesuré la dimension psychologique ou psychiatrique de ce qui, il y a peu, passait pour un simple problème d'adaptation scolaire, voire de "paresse" ou de mauvaise volonté[2]. »

L'idée qui domine alors, c'est qu'un enfant qui n'arrive pas à apprendre a des problèmes psychologiques et que le traitement psychothérapeutique de ces problèmes résoudra les difficultés d'apprentissage.

J'ai reçu dans les années 1980 de nombreux patients préoccupés des difficultés scolaires de leurs enfants et s'interrogeant sur leur responsabilité. J'ai recueilli également de nombreux récits de mères et de pères bien intentionnés qui avaient, sur les conseils de l'école de leur enfant, amené ce dernier au CMPP (centre médico-psychopédagogique) dans le but de traiter les problèmes psys de leur enfant, censés être à l'origine de leurs mauvais résultats scolaires. Il était à cette époque encore possible d'avoir un rendez-vous dans des délais raisonnables, ce qui n'est plus le cas de nos jours. La plupart de ces structures, financées par l'État, se réclamaient ouvertement d'une approche psychanalytique et l'organisation de la prise en charge a pu dérouter plus d'un parent. Les parents n'avaient bien souvent aucun contact avec le psy qui s'occupait de leur enfant. Dans le meilleur des cas ils pouvaient être reçus par un tiers qui au nom du respect du secret professionnel et sans doute aussi d'une conviction intime du caractère pathogène de la famille, en disait le moins possible sur l'évolution de l'enfant pris en charge. Bref, bien souvent le CMPP était perçu comme hostile aux parents (surtout aux mères toujours trop présentes) et cela contribuait à leur réticence à y faire suivre leur enfant. Il semblerait que l'accueil des familles soit aujourd'hui mieux pris en compte. Le problème est maintenant pour de nombreuses familles de pouvoir accéder à une prise en charge dans des délais raisonnables.

De l'échec scolaire aux troubles des apprentissages

Il y a toujours eu des enfants exclus du système scolaire pour leur inadaptation. Dès l'instauration de l'instruction gratuite et obligatoire de 6 à 13 ans par Jules Ferry en 1881, une catégorie hétérogène d'enfants (porteurs de déficiences mentales ou physiques, arriérés, délinquants, orphelins, enfants placés pour raison familiale) se montre inapte à intégrer cette nouvelle institution. Au début du XXe siècle des « classes de perfectionnement » sont créées dans les écoles pour la scolarisation des enfants « débiles », selon la terminologie de l'époque, vivant en famille, coexistant avec des institutions dédiées à accueillir tous ceux qui présentent des troubles nécessitant une surveillance plus constante. D'une manière générale, et jusqu'en 1975, tout enfant qui se montrait inapte à suivre une scolarité normale était écarté des classes ordinaires. On trouvera heureusement des exceptions, certains enseignants ayant à cœur d'instruire tous les enfants qui leur étaient confiés, mais ce n'était ni la loi ni la règle.

La loi du 30 juin 1975 énonce que l'éducation des handicapés est une obligation nationale. Le droit à la scolarisation des enfants handicapés en milieu ordinaire est proclamé et organisé par la loi de 2005.

On est passé ainsi d'une école ségrégative, et donc exclusive, à l'école intégrative, qui pouvait admettre des enfants susceptibles de s'intégrer sans que l'école elle-même ne modifie ses façons de procéder, pour en arriver à ce qu'il est convenu de nommer aujourd'hui l'école inclusive, ayant vocation à accueillir et instruire tous les enfants, y compris ceux qui présentent des handicaps, des difficultés majeures d'apprentissage ou de comportement. L'école doit s'adapter à l'enfant en situation de handicap, et non l'inverse. Divers dispositifs sont mis en œuvre pour accompagner cette évolution tels que les auxiliaires de vie scolaire (ou les unités permettant une inclusion à temps partiel dans les classes ordinaires, AESH : accompagnant d'élèves en situation de handicap). Cette évolution traduit un changement de conception même du handicap. On abandonne l'ancienne conception exclusivement médicale : une déficience physique ou mentale qui génère une incapacité pour la personne atteinte à accomplir pleinement un rôle social. Le handicap est constant, durable, éventuellement rééducable, mais peu curable.

Depuis les années 2000, la conception médicale du handicap a laissé place à une conception plus sociale, la personne handicapée est maintenant nommée « en situation de handicap » et l'accent est mis sur la correction par la société du désavantage dû au handicap. La mise en place de l'école inclusive est difficile, en raison des moyens comme de la formation insuffisantes des enseignants et des freins psychologiques des parents d'élèves « normaux » qui s'inquiètent de voir leur enfant cohabiter dans la classe avec des élèves perturbés et donc perturbateurs. Cette crainte légitime serait aisément apaisée si les moyens nécessaires étaient mis en œuvre.

En 1984, les parents acceptent l'idée que les difficultés scolaires de leur enfant peuvent être utilement mises en relation avec une souffrance psychique qui trouve son origine au sein de la famille. En 2024, il n'en est plus question. Un trouble est un trouble, si l'enfant a un problème pour apprendre à lire, qu'on traite le problème de la lecture. Pas question de s'engager dans des psychothérapies qui vont durer des années et donner des résultats aléatoires. Une rééducation centrée sur le trouble devrait suffire. Et si ça ne suffit pas, c'est que le cas est plus grave qu'il n'y paraît, et alors l'enfant peut bénéficier des divers dispositifs d'aide prévus par l'école inclusive afin de lui permettre, en dépit de ses difficultés d'apprentissage, de suivre une scolarité ordinaire. Du côté des enseignants, l'obligation d'intégrer dans l'école tous les enfants quelles que soient leurs difficultés aboutit, à partir de 2005, à un paradoxe qui est que de plus en plus d'enfants sont adressés à des spécialistes à l'extérieur de l'école pour des difficultés d'apprentissage qui, en d'autres temps, semblaient pouvoir être résolues par des méthodes pédagogiques adaptées.

« Lire, écrire, compter, se comporter » : c'est l'objectif fixé à l'école entre autres par Emmanuel Macron. Dyslexie, dysgraphie, dyscalculie, troubles du comportement : ces troubles font de plus en plus fréquemment l'objet de demande de prise en charge pour les enfants d'âge scolaire. Y aurait-il un rapport entre ce « recentrage de l'école sur les fondamentaux », pour reprendre le jargon en usage dans le monde politique, et cette inflation de la demande ? Ou bien ne s'agit-il que d'une amélioration du dépistage et du traitement de troubles jusqu'ici méconnus ?

Il n'est pas possible de répondre à cette question en se fondant sur des données validées avec un minimum de rigueur. La prévalence des troubles des apprentissages dépend des outils d'évaluation utilisés et des seuils retenus pour le diagnostic. Ce diagnostic repose sur une batterie de tests, et le lecteur comprendra aisément que plus les tests seront sélectifs, plus nombreux seront ceux qui échoueront. Une rapide revue sur Internet retrouve pour les troubles des apprentissages une prévalence allant de 3 % à 15 % des enfants d'âge scolaire ; l'INSERM* retient une fourchette

* Institut national de la santé et de la recherche médicale.

moyenne comprise entre 5 et 7 %, la HAS* avance le chiffre de 8 %. Je n'ai retrouvé aucune étude qui permette de comparer la prévalence de ces troubles en fonction des époques ou en fonction des méthodes pédagogiques et des missions générales de l'école. La plupart des articles, fort nombreux, qui dénoncent la médicalisation des difficultés scolaires relèvent l'émergence de ce phénomène depuis les années 2000[3]. Un indicateur indirect de ce phénomène est que les orthophonistes, tout comme les CMPP, sont débordés et n'arrivent pas à répondre à la demande.

Il ne s'agit pas de nier l'existence de troubles spécifiques tels que la dyslexie, ni l'intérêt pour l'enfant d'une prise en charge orthophonique. Un enfant en difficulté bénéficiera d'une prise en charge individuelle empathique avec un orthophoniste ou un psy qui dispose de techniques adaptées plutôt que d'être stigmatisé et mis à l'écart de la classe. Pour autant, cette délégation à des « techniciens » à la suite d'un diagnostic qui dépend puissamment des outils utilisés pose question, quand elle dépasse les cas particuliers pour devenir un régulateur des dysfonctionnements de l'école. Je note que cette approche a bien souvent l'aval des familles qui sont soulagées de voir leur enfant pris en charge à l'extérieur et évitent ainsi les conflits avec les enseignants. Je vois cependant dans cette évolution plusieurs écueils. Le premier est d'ordre social.

Certaines familles peuvent se trouver en difficulté pour accéder aux bilans et prises en charge spécifiques, d'autant plus que le service public est largement débordé et ne peut répondre à la demande. L'école, faute de moyens en quantité et en qualité, a délégué à l'extérieur la prise en charge de certains enfants en difficulté d'apprentissage, mais là non

---

* Haute autorité de Santé.

plus les moyens n'y sont pas. Un autre problème est celui des effets sur l'enfant et sur son entourage de la médicalisation de ces difficultés.

Quand je participais à la formation de professionnels exerçant auprès d'enfants en difficulté scolaire, j'avais été frappée par la façon dont cette question était traitée. Un enfant qui présente des comportements problématiques est rapidement étiqueté « psy » et on conseille aux parents de s'adresser au CMPP. Les choses vont assez vite, l'étiquetage précède de peu l'orientation dans des filières spécialisées, quand il y a de la place. Si ça ne se passe pas bien en classe, c'est forcément l'enfant qui a le problème. La relation entre l'enseignant et l'enfant, pas plus que les techniques utilisées, ne font que rarement l'objet *in situ* d'une analyse visant à comprendre ce qui se passe et si possible modifier les façons de procéder pour améliorer la situation.

Je ne peux m'empêcher de penser que certains enfants, avec une approche plus compréhensive de leurs difficultés, pourraient avoir une vie différente. Dans notre société, être diagnostiqué « psy » n'est jamais une bonne nouvelle. La médicalisation des difficultés scolaires et leur objectivation sous forme d'un diagnostic laisse de côté ce qui, dans les années 1980, pouvait incomber aux parents : la prise en compte d'éventuels dysfonctionnements familiaux. Enfin, il y a sans doute un lien entre l'inflation de la consommation de psychotropes chez l'enfant et l'adolescent et la médicalisation par excès de l'échec scolaire. Le Haut Conseil de la famille, de l'enfance et de l'âge, dans son rapport de mars 2023, note que, « entre 2010 et 2021, la prévalence de consommation en population pédiatrique a augmenté de 35 % pour les hypnotiques et les anxiolytiques, de 179 % pour les antidépresseurs, de 118 % pour les antipsychotiques et de 148 % pour les psychostimulants[4] » !

Ce phénomène, qui n'est observé ni en France dans la population générale, ni à l'étranger pour une population comparable, est à mettre au compte de ce que le HCFEA appelle un « effet ciseau ». Des troubles sont diagnostiqués mais l'offre de soins ne suit pas. Et alors, la prescription de médicaments, le plus souvent par le médecin traitant, apparaît comme la seule solution disponible à court terme.

L'inflation actuelle de la médicalisation des troubles des apprentissages a pour effet qu'elle change de nature, passant d'une somme de cas individuels à un mode général de régulation. L'amélioration des connaissances dans le domaine des processus cognitifs et de la prise en charge de leurs troubles est sans conteste un progrès. Mais quand c'est sur l'enfant que l'on fait massivement porter l'échec et le remède, sans questionner les autres paramètres d'un apprentissage réussi, je m'inquiète.

Surdoués, HPI : où est le problème ?

À la question : « Qu'est-ce que l'intelligence ? » Théodore Simon aurait répondu : « C'est ce que mesure mon test. » Théodore Simon est, avec Alfred Binet, l'inventeur en 1905 de la première échelle de mesure de l'intelligence, ancêtre des tests utilisés de nos jours. J'aime cette boutade, qui souligne avec une certaine ironie le caractère autoréférencé de la notion complexe d'intelligence quand on confie à des tests le soin de la mesurer. Les tests sont le reflet d'une époque. Ainsi le test le plus fréquemment utilisé pour les enfants en France comme dans beaucoup d'autres pays, le WISC ou échelle de Wechsler, est régulièrement réactualisé afin que le score de 100 corresponde bien au score moyen d'une population donnée. Quelle que soit la technique utilisée, le QI se mesure par comparaison à ce que l'on est en droit d'attendre d'un enfant en fonction de son âge ou d'un adulte par comparaison avec l'ensemble de la population.

À l'origine, les tests d'intelligence avaient pour but de dépister avec un souci d'objectivité la déficience intellectuelle afin d'orienter les enfants dans des structures adaptées à leur état. On comprend aisément que le fait d'avoir un déficit intellectuel amenait, au moment où l'instruction devenait obligatoire pour tous, une partie des enfants à se montrer inapte à suivre l'enseignement proposé. Plus tard, l'idée est venue d'utiliser ces tests pour dépister non plus seulement les déficits mais aussi les personnes ayant des résultats supérieurs à la normale. Aujourd'hui, le HPI (haut potentiel intellectuel) concerne toute personne ayant un QI supérieur à 130, la moyenne étant fixée à 100. Un peu plus de 2 % de la population serait concernée en France, dont environ 200 000 enfants[5]. Ce chiffre est stable, alors que l'impression qui domine est qu'il y a de plus en plus d'enfants HPI.

Il n'y a pas, que je sache, de symptômes spécifiques des enfants HPI. Certains vont bien, réussissent correctement leur scolarité et ne se montrent pas particulièrement en difficulté dans leur vie sociale. Il n'y a pas de raison de leur faire passer un test de QI, si ce n'est parfois pour arracher à une école réticente l'autorisation de leur faire sauter une classe. Donc, le haut potentiel d'un enfant HPI qui va bien n'a pas besoin d'être objectivé par un test. Tout le monde voit qu'il est intelligent, éventuellement précoce, nul besoin de l'emmener chez un psy pour y subir une batterie d'examens. L'intérêt des familles, des psys, de l'école va se focaliser sur les HPI « à problème ».

> « Mon fils ne se plaît pas à l'école, il n'a aucun copain, a du mal à se concentrer. Ses résultats sont totalement irréguliers. On a été convoqué par l'instituteur qui ne

sait plus comment faire. J'ai vu à la télé *La Dure Vie des surdoués*[6], je crois que c'est son cas. »

Aujourd'hui on trouve sur Internet de nombreux sites censés permettre de détecter les sujets HPI : « HPI : 11 signes pour le détecter », « HPI : 18 signes et caractéristiques », « 8 comportements du HPI », etc. Dans tous les cas, ce sont des signes non spécifiques. On peut les retrouver dans de multiples contextes n'ayant rien à voir avec le HPI et ils ne sont pas tous pathologiques. Curiosité, sens moral et sens de l'humour développés n'amènent que rarement ceux qui en sont dotés à consulter un psy… D'autres signes tels que difficultés scolaires, difficultés sociales, ennui peuvent poser un problème, mais leur contexte d'apparition comme la nature précise des troubles sont extrêmement variables[7]. Le seul signe consistant est un QI supérieur à 130, qui ne s'observe pas à l'œil nu, et requiert la passation des fameux tests.

Il n'existe pas à ce jour de signes neurologiques objectifs pour les sujets HPI, autrement dit, leur cerveau n'est guère différent de celui du commun des mortels, si l'on se fonde sur les techniques d'investigation actuellement disponibles. Cela n'empêche pas des psychologues spécialisés, ou des associations de famille, de repérer un fonctionnement cognitif supposé spécifique et d'en induire, sans la moindre preuve scientifique, une anatomie cérébrale différente. La pensée en arborescence est souvent évoquée, définie comme foisonnante, en réseau, se déployant de manière simultanée dans plusieurs directions, par opposition à la pensée linéaire, qui serait le mode classique privilégié en particulier à l'école. Du repérage d'un fonctionnement cognitif spécifique à une structure cérébrale particulière, il n'y a qu'un pas que certains franchissent allégrement : un corps calleux (commissure unissant les deux hémisphères cérébraux) plus perméable censé favoriser le passage de la pensée d'un hémisphère cérébral à l'autre ou des réseaux de neurones structurés différemment sont invoqués, l'idée étant d'étayer scientifiquement ce qui n'est qu'une hypothèse, afin qu'elle devienne incontestable.

Quel sens, en tant que psy, donner à cet intérêt croissant des familles et des enseignants pour le quotient intellectuel supérieur à la moyenne de certains enfants ?

Tout part en général de problèmes à l'école.

> « Mon fils s'ennuie à l'école. Il perturbe la classe. Il n'a pas d'amis. Et maintenant il ne veut plus y aller, il dit que ça ne sert à rien, qu'il perd son temps.
>
> – Et à la maison, comment ça va ?
>
> – Normalement. Il passe beaucoup de temps devant l'ordinateur, je ne sais pas trop ce qu'il fait. Il n'aime pas sortir de toute façon. Il a appris à lire tout seul, je crois qu'il est HPI, on va l'emmener chez le psychologue pour un test.
>
> – Et si le test confirme son haut potentiel, vous faites quoi ?
>
> – On va voir. Peut-être le changer d'école. Il paraît qu'il y a des classes spéciales pour enfants surdoués. Au minimum on verra avec l'instituteur s'il peut bénéficier d'un programme aménagé. »

La difficulté pour un psy est qu'être HPI n'est pas un problème en soi, ça peut même être considéré comme un avantage d'être plus intelligent, plus précoce. Les difficultés relationnelles, qui peuvent amener à demander de l'aide, sont le plus souvent, une fois le diagnostic de HPI posé, mises au compte des autres : institutions inadaptées, enfants qui ne supportent pas ceux qui sont différents.

La solution devient d'offrir au jeune HPI un environnement adapté pour lui permettre de développer ses potentialités sans souffrir d'hostilité ou de rejet. Il arrive que les ressources de l'école inclusive suffisent, mais le plus souvent les familles seront amenées à organiser la scolarité de leur enfant : école privée, enseignement à distance. Lorsque les difficultés relationnelles persistent, un soutien psy peut s'avérer utile.

La recherche d'une explication à des comportements problématiques (échec scolaire, isolement social) est légitime. Les parents veulent comprendre pourquoi leur enfant est en difficulté, et la réponse en termes de haut quotient intellectuel est plutôt une bonne nouvelle, même si cette explication ne résout rien.

Le processus qui conduit à ce diagnostic est loin d'être neutre socialement. Il a pour conséquence une surreprésentation des garçons et des classes moyennes et supérieures.

Les garçons sont-ils plus intelligents que les filles ? J'ai du mal à répondre positivement à cette question. L'explication de la surreprésentation des garçons parmi les HPI se trouve dans un double biais de sélection. Les troubles du comportement qui amènent à se poser la question du QI, turbulence, opposition à l'autorité, conflits divers, sont moins fréquents chez les filles que chez les garçons. Ces derniers seront donc plus fréquemment testés. La nature même des tests de QI se traduit par une répartition des résultats différente entre les filles et les garçons : le score de QI moyen varie peu entre les hommes et les femmes, mais la variabilité des scores des hommes est plus grande que celle des femmes, d'où une surreprésentation des hommes au-dessous et au-dessus de la moyenne.

Les riches sont-ils plus intelligents que les pauvres ? Là encore, j'ai du mal à accepter que ce puisse être le cas, même si les classes moyennes et supérieures sont largement surreprésentées parmi les enfants diagnostiqués HPI. « Votre enfant n'est pas HPI, vous êtes juste riche », nous dit le sociologue Wilfried Lignier[8]. Les classes aisées sont en effet fortement représentées parmi les parents qui font tester leur enfant. Les tests coûtent en moyenne 300 euros, tarif qui peut s'avérer dissuasif pour certaines familles. Une singularité du diagnostic d'HPI est qu'on ne le trouve que si on le cherche. Il faut donc déjà un certain niveau d'information, ainsi qu'un rapport décomplexé à l'institution scolaire, pour poser en ces termes la question de l'échec scolaire de certains enfants.

L'émergence, à partir des années 1980, et surtout ces vingt dernières années, de la question du HPI de certains enfants doit plus à l'évolution de l'école et du rapport que les familles entretiennent avec cette institution qu'aux progrès de la science. Le collège unique est instauré en 1975 et met fin à l'existence de filières différentes à la sortie de l'école primaire. Les lois de 1975 et de 2005 favorisent l'inclusion des élèves en situation de handicap dans l'école ordinaire. Certaines familles, souvent aisées, souhaitent préserver leur enfant d'une école « tous publics » jugée tirée vers le bas par ces réformes successives. Le recours à l'école privée est une solution, la recherche d'une particularité de l'enfant justifiant un traitement spécial en est une autre.

Tous « dys » ?

On assiste bien, depuis au moins une vingtaine d'années, à un mouvement de fond. Troubles « dys », TDAH, HPI : on attribue aux enfants de plus en plus de ces troubles censés expliquer leurs difficultés scolaires et qui nécessitent des prises en charge spécifiques voire des traitements médicamenteux. Comment comprendre cette inflation ? Plusieurs facteurs entrent en ligne de compte.

Jadis on attribuait l'échec scolaire à une carence morale et éducative de l'enfant (paresse, manque de goût pour le travail) éventuellement associée à une déficience intellectuelle. La solution était la mise à l'écart des enfants déficients. Le progrès des connaissances concernant les processus d'apprentissage intellectuels et comportementaux a permis d'identifier des troubles spécifiques et d'en proposer une approche adéquate. La famille et l'école sont ici hors de cause, c'est l'enfant qui est porteur d'une sorte de pathologie qu'il convient de corriger. Orthophonistes et psys sont alors chargés du traitement.

L'école peinant à remplir la mission qui lui est confiée d'inclure tous les enfants, les enseignants trouvent un soulagement en déléguant à l'extérieur le soin de rééduquer voire de soigner ceux qui sont en difficulté ou qui perturbent la classe.

Enfin, les parents vont bien souvent se satisfaire d'une réponse aux difficultés de leur enfant qui se veut scientifique, efficace, non culpabilisante. Nous ne sommes plus en 1980, quand les psys voyaient derrière tout enfant à problème une mère abusive et un père absent. C'est le système nerveux qui dysfonctionne, personne n'y est pour rien.

Nous sommes dans le domaine des apprentissages et du comportement, en dehors de tout trouble organique objectivé par les techniques d'examen actuellement disponibles. Un diagnostic est ici un regard posé, à un moment donné, sur l'adéquation entre les attentes et les exigences familiales et sociales et les possibilités qu'a l'enfant d'y répondre d'une manière acceptable. De nos jours, ne pas être capable de lire et d'écrire est perçu comme un handicap, ce qui n'était pas le cas au XIXe siècle. À l'avenir, la dysgraphie comme la dyscalculie ne seront plus très gênantes, la machine venant aisément remplacer l'être humain.

Aujourd'hui, il y a une convergence d'intérêt entre l'école et les familles, sans parler de tous ceux qui prospèrent, sous prétexte de leur venir en aide, en attribuant aux enfants des troubles qui sont en partie le fruit de cette situation. Je dis « en partie » car ce qui me pose un problème, ce n'est pas qu'on évoque après examen un diagnostic de trouble des apprentissages, de HPI ou de TDAH. Mais cela reste à mes yeux une construction, non une réalité. Cette construction peut s'avérer bénéfique si elle permet à l'enfant de bénéficier d'une attention bienveillante. Elle devient un problème quand le recours à ces divers troubles est systématique et contribue à maintenir, dans les familles comme à l'école, des fonctionnements inadéquats. Et c'est inacceptable quand les troubles des enfants hâtivement diagnostiqués sont exclusivement corrigés avec des médicaments psychotropes.

4.

Du fils homosexuel à l'adolescente transgenre

1984 : Docteur, je suis inquiète, j'ai peur que mon fils ne soit homosexuel…

2024 : Ma fille est âgée de 15 ans. Elle veut devenir un garçon. Dois-je la soutenir dans sa démarche ?

En quarante ans, les personnes concernées, leur famille, les psys et d'une manière générale la société ont opéré une véritable révolution dans l'approche des questions d'orientation sexuelle et d'identité de genre. On ne voit plus en consultation aujourd'hui comme jadis des homosexuels honteux ou des parents inquiets d'avoir un enfant homosexuel. Les personnes transgenres ne sont plus perçues comme ayant un trouble de l'identité qui doit être soigné. Les psys ont dû renoncer à être les garants d'une normativité vigoureusement contestée et admettre que l'orientation sexuelle comme l'identité de genre ne sont pas un sujet qui relève de leur discipline.

L'homosexualité, une maladie ?

Jusqu'au XIXe siècle, dans notre pays, la religion avait globalement la charge de la régulation des mœurs. Toute sexualité qui n'avait pas la procréation pour finalité était prohibée et éventuellement punie. À la fin du XIXe siècle, la médecine est en plein essor et la sexualité devient pour elle un sujet d'étude. De nombreux ouvrages médicaux traitant de la masturbation, de la sodomie, de la pédérastie paraissent, dont le plus célèbre est *Psychopathia sexualis* de l'aliéniste allemand Richard von Krafft-Ebing. L'homosexualité, qui était jusque-là considérée comme un péché et comme un délit, devient alors une maladie.

Quand j'étudiais la psychiatrie, au milieu des années 1970, un ouvrage était notre référence incontestée et a servi de support à l'enseignement pour l'ensemble de la profession pendant de nombreuses années : c'était le *Manuel de psychiatrie* dirigé par Henry Ey[1]. Henri Ey (1900-1977) était un psychiatre et neurologue respecté, promoteur d'une psychiatrie humaniste, qui affirme à la fois la cause organique des maladies mentales et le caractère original, personnel et socialisé de leur expression symptomatique. La psychiatrie cherchait à l'époque à se dégager de la neurologie – la scission entre les deux disciplines a d'ailleurs eu lieu formellement en France en 1968 –, et il fallait offrir aux futurs psychiatres une nouvelle conceptualisation pour leur discipline. Je note au passage que la façon dont en 2024 de nombreux psys parlent du cerveau comme s'il gouvernait seul le comportement humain nous ramène, sous couvert de modernité, au XIXe siècle, quand la plupart des maladies mentales étaient attribuées à une dégénérescence du système nerveux. J'y reviendrai.

J'ai donc été effarée quand, pour la rédaction de ce chapitre, j'ai ouvert « mon Henri Ey » et me suis d'abord rendue à la table des matières. Il y a bien une rubrique « homosexualité » (p. 385-390), c'est normal pour l'époque. L'homosexualité est classée parmi les perversions, dans le sous-groupe des « anomalies du choix de l'objet », qui compte (je cite dans l'ordre) : « auto-érotisme (onanisme), pédophilie, gérontophilie, inceste, homosexualité, zoophilie, fétichisme, nécrophilie, vampirisme, travestisme, transsexualisme, etc.[2] ». Henri Ey consacre ensuite quatre pages à la description clinique des différentes formes d'homosexualité, à leurs différences en matière de structure de personnalité, ainsi qu'à leur diagnostic et traitement. Il souligne l'importance des facteurs culturels, notant au passage que certains groupes sociaux la tolèrent voire l'exaltent (« l'amour grec »). Il considère que « la psychanalyse a proposé une théorie générale à laquelle, depuis plus de soixante ans, aucune autre n'a pu se substituer ; l'homosexualité est une déviation *acquise* de la pulsion sexuelle qui exprime un échec de l'expérience œdipienne et une régression à des pulsions et des fantasmes prégénitaux[3] ». Déviation, échec, régression… L'homosexualité masculine traduirait une impossible identification au père, tandis que l'homosexualité féminine (dont il convient qu'elle est moins bien connue et étudiée) relèverait d'une impossible identification à la mère. L'auteur banalise ce qu'il nomme « l'homosexualité passagère de l'adolescence » qui peut s'avérer bénigne si elle est transitoire, et il distingue « l'homosexualité névrotique », la plus fréquente en consultation, de « l'homosexualité perverse » qui à l'inverse amène rarement à consulter. Il relève enfin que le traitement est rarement efficace, permettant seulement chez « l'homosexuel névrotique » de réduire l'angoisse. Et il conclut par la nécessité d'une prophylaxie de l'homosexualité qui repose sur une claire différenciation sexuelle des deux parents. Le paragraphe se clôt par une citation tirée d'un ouvrage du Dr Marcel Eck[4] à laquelle Henri Ey semble souscrire : « l'accession de la femme à l'égalité des droits dans la Société ne passe pas nécessairement par sa virilisation, ni pas la féminisation de l'homme, sous prétexte d'aplanir ce qui les distingue, mais consisterait plutôt à préserver les attributs de chacun et non les privilèges, en les rendant véritablement complémentaires, et non pas substitutifs[5] ». En d'autres termes, il explique que le masculin et le féminin ont des attributs naturels qu'il convient de respecter, si nous ne voulons pas fabriquer des générations d'homosexuels. On est loin de Simone de Beauvoir et de son fameux : on ne naît pas femme, on le devient !

Tous les psychiatres formés à cette époque (1970-1990) ont, comme moi, lu et étudié ce chapitre. Il aura fallu que naissent aux États-Unis puis en Europe des groupements d'activistes militants pour contraindre à la fin du XXe siècle l'immense majorité des psys à renoncer à voir en l'homosexualité un trouble relevant de leur discipline. Il faudra attendre 1973 pour que l'Association des psychiatres américains remplace l'homosexualité dans la liste des maladies mentales du DSM* par la notion d'« homosexualité egodystonique » (en désaccord avec les valeurs de la personne), l'idée étant que l'homosexualité n'est pathologique qu'à partir du moment où la personne en souffre et cherche à changer d'orientation sexuelle. Cette notion disparaît définitivement du DSM en 1987. L'autre classification

---

* Diagnostic and Statistic Manual of Mental Disorders.

internationale des maladies, la CIM*, continuera à y faire figurer l'homosexualité jusqu'en 1992[6]. Nous revenons de loin…

Du péché au délit, du délit à la maladie, de la maladie à l'orientation sexuelle dénuée de tout caractère problématique, il aura fallu plus d'un siècle pour que l'homosexualité cesse d'être discriminée par les lois françaises et considérée comme « normale » par les familles, les psys et la société en général.

Dans les années 1980 en France, nombreux sont ceux, y compris parmi les psychiatres, qui considèrent encore que l'homosexualité n'est pas tout à fait normale. Le sujet reste tellement tabou que même avec son psy, on a bien souvent honte d'en parler. Il m'a fallu attendre d'exercer en région parisienne au début des années 1990 pour que cette question de l'homosexualité soit abordée de temps en temps en consultation. Ce n'est que le 4 août 1982 que la France a aboli une loi de Vichy définissant une majorité différente pour les personnes homosexuelles, premier pas vers la suppression d'un ensemble de textes juridiques discriminatoires !

Des parents inquiets de l'orientation sexuelle de leur enfant, j'en ai croisé plus d'un au cours des années 1990. Certains en vertu de principes moraux ou religieux, d'autres déplorant que leurs enfants puissent être en butte à l'homophobie et se rendre ainsi la vie difficile. Des parents qui se demandent aussi s'ils ne seraient pas pour partie responsables (voire coupables ?) de l'orientation sexuelle de leur enfant. Peu d'entre eux sont de réels connaisseurs des théories psychanalytiques en matière de sexualité, mais ces conceptions ont fini par gagner

* Classification internationale des maladies.

un large public et reviennent implicitement dans les consultations :

« Docteur, mon fils est homosexuel. Je n'ai aucun jugement négatif, c'est mon fils et je l'aime, mais je voudrais comprendre où sa mère et moi avons bien pu nous tromper pour qu'il en soit arrivé là. »

Ou bien :

« Je pense que j'ai été trop proche de mon fils. Mon mari dit que c'est à cause de ça qu'il est efféminé. »

« Quand ma fille est née, on voulait un garçon. Ça doit être pour ça qu'elle est lesbienne… »

À ce moment-là, j'avais moi aussi fait du chemin et cessé de penser que l'homosexualité puisse être un problème, ce qui a pu rendre le contact avec certains parents qui ne partageaient pas mon point de vue plutôt difficile.

Nous sommes au milieu des années 1990 et j'exerce alors auprès de toxicomanes. L'épidémie de sida fait des ravages parmi les patients que nous suivons, la découverte de la séropositivité est pour beaucoup une mort annoncée.

Une dame d'un certain âge se présente à ma consultation.

« Bonjour madame, que puis-je pour vous ?

– Je viens pour ma fille. Je suis très inquiète.

– Ah bon. Et qu'est ce qui se passe ?

– Elle consommait de l'héroïne, mais elle a arrêté. Je crois qu'elle est séropositive, mais elle ne veut pas trop qu'on en parle.

– Et en quoi puis-je vous aider ?

– Depuis quelque temps, elle vit avec une amie. Je voudrais savoir, pensez-vous qu'elle soit homosexuelle ?

– Je n'en sais rien. Mais savez-vous si elle est correctement suivie pour sa séropositivité ?

– Je n'ai pas l'impression que vous preniez le problème de l'homosexualité au sérieux. Je me demande d'ailleurs si vous-même ne l'êtes pas... »

La dame m'agace. Je suis choquée de son indifférence à l'état de santé de sa fille et peu réceptive à la préoccupation concernant son orientation sexuelle, ce qui ne lui a pas échappé. Elle quitte furieuse mon bureau, je ne l'ai jamais revue.

En y repensant aujourd'hui, je regrette d'avoir été aussi peu empathique. Le rôle d'un psy n'est pas de faire la morale. Ce qui est un problème pour la personne qui s'adresse à moi est un problème, quoi que j'en pense.

En 2018, je suis consultante dans un établissement proche du centre de Paris qui reçoit de nombreux patients homosexuels assumés pour des problèmes d'addiction. Le contraste avec la Picardie des années 1980 est saisissant. Plus de tabous, l'orientation sexuelle des patients est évoquée lors des consultations, mais jamais comme une pathologie ou une déviance, plutôt comme un fait établi qui ne pose pas de problème en soi. J'ai un peu plus de mal avec ce qu'il est aujourd'hui convenu d'appeler « les nouvelles pratiques sexuelles » associant une sexualité exubérante (je n'ose ici écrire « débridée ») avec la consommation de substances psychoactives, connue sous le nom de *chem sex*. La demande des consultants n'est plus de changer de pratique, mais plutôt d'en réduire les risques. J'ai, à titre personnel, une conception assez normative et sans doute limitée de la sexualité (hétérosexuelle, un seul partenaire depuis bien longtemps) et de la consommation de substances psychoactives (un peu de vin et d'alcool de temps en temps, rien de plus). Ce qui n'est pas d'une grande utilité quand il s'agit de venir en aide à ceux qui ont des pratiques complètement différentes et qui les assument pleinement…

Dans l'ancien temps (au siècle dernier) je pouvais gérer mon malaise en considérant que j'avais en face de moi un sujet pervers, le pervers étant précisément celui qui fait porter à l'autre son propre mal-être, car il est incapable de l'affronter. On avait alors coutume, chez les psys, de dire que le ressenti contre-transférentiel fait le diagnostic : le pervers met mal à l'aise, l'hystérique agace, le paranoïaque inquiète…

Aujourd'hui, je cherche à nouer une alliance suffisante avec mon interlocuteur pour lui venir en aide.

« Docteur, voilà, depuis quelques mois, j'ai découvert le chem sex et je suis addict…

– C'est-à-dire ?

– J'étais chirurgien-dentiste. J'allais de temps en temps sur les sites de rencontre spécialisés et, en fin de semaine, je m'offrais des week-ends de plaisir : plusieurs partenaires, et on pouvait faire l'amour pendant des heures, c'était génial !

– Et où est le problème ?

– C'est que petit à petit, tout le reste de ma vie, mon travail, mes amis, tout ça m'a semblé complètement sans intérêt. La sexualité « normale » m'ennuie. Mon partenaire régulier avec qui je vivais depuis une dizaine d'années a pris peur et m'a quitté. Et j'ai commencé à pratiquer aussi en semaine, puis tous les jours. Je ne travaille plus, j'ai dû fermer mon cabinet et je suis quasiment à la rue, complètement épuisé.

– Que puis-je faire pour vous ?

– Je ne sais pas si vous pouvez comprendre.

– Ça risque d'être compliqué. Ce que vous me racontez est assez éloigné de ma propre conception du monde, mais cela ne devrait pas m'empêcher d'essayer de vous aider.

– Si vous ne comprenez pas, je ne vois pas ce que vous pourrez faire.

– Il ne vous échappe pas que je suis très différente de vous. Une femme, plutôt âgée, toujours au travail, assez classique en somme. Pour trouver de la compréhension, je pense que vous devriez prendre contact avec des groupes d'entraide spécialisés. Je vais vous donner leurs coordonnées si vous ne les avez pas déjà. Par ailleurs, je vous trouve déprimé et vous pourriez peut-être envisager un traitement. Enfin, nous pouvons, si vous le souhaitez, prendre du temps ensemble pour réfléchir à ce qui vous arrive et voir ce que vous pourriez changer dans votre mode de vie, sans se précipiter. »

La demande d'être compris est légitime, mais elle est piégeuse. Comprendre implique de saisir immédiatement, intuitivement, le sens du comportement d'une personne. Il serait malhonnête de dire qu'en ce sens je comprends ce qui arrive à ce patient, qui est patient non pas du fait de son homosexualité mais de pratiques sexuelles extrêmes associées à des consommations de stupéfiants. Pour l'appréhender, il faut un échange, du temps. Je suis prête s'il le souhaite à m'engager à ses côtés. Certains patients souhaitent un thérapeute qui leur ressemble : un homme voudra être pris en charge par un homme, une femme par une femme, un homosexuel par un psy lui-même homosexuel. La compréhension, l'identification sont alors facilitées. Dans le cas que je raconte ici, le consultant doit pouvoir supporter que je sois différente de lui, ce qui peut être parfois difficile. De mon côté, je dois m'abstenir de tout jugement moral, ce qui n'est pas toujours simple non plus…

De grands progrès ont été accomplis pour que cesse en France la stigmatisation de l'homosexualité. Dans ma famille, parmi mes amis, je compte nombre d'homosexuels et de parents d'homosexuels à qui il ne viendrait pas à l'idée de questionner un psy pour comprendre, car il n'y a rien à comprendre.

La société française a, en quarante ans, complètement basculé. Le mariage entre personnes de même sexe n'est plus guère contesté, l'homoparentalité fait son chemin. Les psys ont désormais perdu toute légitimité à soigner ce qui n'est pas une maladie. Le problème n'est plus l'homosexualité mais l'homophobie qui n'a, hélas, pas disparu et génère bien des souffrances.

L'irruption du transsexualisme

J'ai grandi dans un monde où les choses étaient, en apparence, relativement simples. Il y avait les hommes et les femmes, le masculin et le féminin. Lors de mes études de médecine, j'avais découvert l'existence de personnes qui présentaient à la naissance un caractère sexuel ambigu, pour lesquels il était difficile de savoir s'il s'agissait de filles ou de garçons. Le rôle de la médecine était alors d'y mettre bon ordre, en décidant, si possible avec les parents, de quel côté faire pencher les interventions thérapeutiques (hormones, chirurgie) pour sortir de cette indétermination insupportable. Je dois avouer que cette approche, en 1970, ne posait à mes condisciples comme à moi-même aucun problème. Au cours de ces années-là, j'avais lu et apprécié *Le Deuxième Sexe* de Simone de Beauvoir, et admis sans difficulté l'idée d'une distinction nécessaire entre le sexe biologique et le sexe (on dit aujourd'hui le genre) social : les caractéristiques classiquement attribuées aux hommes et aux femmes sont culturelles, elles ne sont pas naturelles. Comme à bon nombre de mes contemporains, il me semblait évident qu'il y a deux sexes, que le genre est distinct du sexe et que tous deux sont stables depuis la naissance, en dehors de rares cas pathologiques d'indétermination sexuelle congénitale.

C'est au début des années 1990 que j'ai rencontré pour la première fois un homme travesti en femme. Il (elle, devrais-je dire) se livrait à la prostitution et consommait de l'héroïne, ce pour quoi j'essayais de la soigner (à sa demande j'avais fini par parler d'elle au féminin). Sa mère, une femme âgée, avait un jour téléphoné au centre où elle était hébergée :

> « Bonjour docteur, je voudrais des nouvelles de mon fils M. Comment va-t-elle ? »

Cette incongruité grammaticale dit en peu de mots l'ambiguïté qui entourait cette situation. La mère avait mis au monde un garçon (« mon fils ») et respectait le souhait de M. d'être désigné au féminin. Le message de cette mère témoigne d'un trouble compréhensible. À l'époque, une association spécialisée dans la réinsertion des prostituées avait tenté, en vain, de faire que M. renonce à son travestissement pour trouver enfin un travail « correct ». M. était âgée de plus de 50 ans, n'avait jamais exercé d'autre activité que la prostitution, le taux de chômage était à son zénith, il m'avait donc semblé illusoire de penser qu'elle pourrait trouver un emploi. J'ai demandé qu'elle puisse bénéficier d'une allocation d'adulte handicapée. Pour ce faire, il me fallait rédiger un certificat attestant de troubles psychiatriques sévères et chroniques. J'ai évoqué un rapport distant à la réalité pouvant faire penser à une structure de personnalité psychotique se traduisant par des troubles graves de l'identité. Et la commission lui a accordé l'allocation demandée. J'avais atteint mon but sans avoir besoin de trop forcer le trait et d'attribuer à M. des symptômes qu'elle ne présentait pas, parce que je savais qu'établir des certificats ne correspondant pas à l'état réel d'un patient serait contreproductif et aboutirait immanquablement à un rejet de la demande.

Dans les années 1990, la question de l'identité de genre n'avait pas émergé comme un sujet pouvant concerner l'ensemble du corps social, elle n'intéressait officiellement qu'un milieu marginalisé de prostitués, oscillant comme dans le cas de M. entre travestissement et transsexualisme.

Les années passant, j'ai eu plusieurs fois l'occasion de soigner des personnes transgenres pour des problèmes d'addiction. Il s'agissait toujours de personnes marginalisées, souvent immigrées irrégulièrement. L'usage d'alcool et de drogues diverses leur permettait de supporter des conditions de vie terribles. En butte à la violence de proxénètes et de clients sans scrupule, elles se débattaient dans un cercle vicieux difficile à rompre, la prostitution leur permettant de financer leur drogue, la drogue qui leur faisait supporter la prostitution. Je n'ai jamais imaginé pouvoir, ni même devoir, tenter d'infléchir leur façon de vivre une identité de genre différente de celle de leur naissance. Je me suis contentée, avec un succès souvent mitigé, d'essayer de leur venir en aide pour leur addiction.

En 2003, Je suivais une patiente pour des problèmes liés à sa toxicomanie. Un jour, elle me parle de sa famille :

> « J'ai un frère aîné, ingénieur, aucun problème. Sa femme est un transsexuel, mais personne ne le sait. Elle est très féminine, on ne peut rien deviner si on ne le sait pas. Ils s'entendent très bien, sont très heureux, sauf bien sûr qu'ils ne peuvent pas avoir d'enfants. »

Là encore, c'était la première fois que j'entendais parler de ce type de situation, qui ne serait apparemment pas si exceptionnel que cela.

La transidentité suit, avec quelques années de retard, un parcours parallèle à celui de l'homosexualité. Avant l'invention du « transsexualisme » au milieu du XXe siècle, seul le travestissement était compris dans les classifications psychiatriques[7]. Le transsexualisme ne pouvait se concevoir qu'à partir du moment où a émergé la notion de genre (culturellement et psychologiquement construite) distincte de celle de sexe (biologique), tandis que le travestissement qui concerne l'apparence s'observait depuis des siècles.

Après de multiples évolutions, la CIM-11 en vigueur depuis 2022 a dépsychiatrisé « l'incongruence de genre » en la transférant du chapitre consacré aux affections psychiatriques à celui dédié à la santé sexuelle. Dans le DSM-5, la dernière édition du manuel diagnostique et statistique des troubles mentaux et des troubles psychiatriques de l'Association américaine de psychiatrie qui fait autorité pour tous les psys au niveau international (la CIM traite de toutes les maladies, somatiques comme psychiatriques, tandis que le DSM ne concerne que les troubles psys), il est établi que la non-conformité de genre n'est pas en soi un trouble mental. La « dysphorie de genre » qui figure dans cette classification concerne l'expérience du malaise résultant des problèmes d'identité de genre, et non les troubles de l'identité de genre, qui ne sont pas considérés en eux-mêmes comme pathologiques.

C'est tout de même avec un certain étonnement que j'ai vu la place prise récemment par cette problématique de l'identité de genre à travers de nombreux livres, films, articles de journaux, reportages. Je pensais, sans doute à tort, qu'elle ne concernait qu'un faible nombre de personnes, pour l'essentiel marginales ou dissimulant soigneusement leur identité, et sous-estimais les questions fondamentales qu'elle pose.

L'enquête IPSOS-LGBT+ 2023[8] m'a permis de me faire une meilleure idée de la réalité du phénomène. À la question « comment vous considérez-vous actuellement ? », 1 % des personnes interrogées en France ont répondu qu'elles se considéraient comme transgenres, 2 % comme non binaires, 1 % ne se reconnaissant dans aucune de ces deux catégories, soit un total de 4 % de la population. En fonction de l'âge des personnes interrogées, les chiffres varient de moins de 1 % pour les personnes nées avant 1964 à 11 % pour celles nées après 1997, qui se répartissent en 3 % de transgenres, 6 % de non-binaires et 2 % ne se reconnaissant dans aucune de ces deux cases. La question posée concerne le ressenti actuel : « Comment vous considérez-vous ? » Quand plus de 10 % d'une classe d'âge dit ne se reconnaître dans aucune des deux catégories du féminin ou du masculin, cela témoigne au minimum d'un ressenti très présent. J'appartiens à la classe d'âge la moins concernée, ce qui surdétermine certainement ma conception de la question.

Le sondage d'IPSOS montre que, parmi les moins de 26 ans, la notion de genre pose question à beaucoup. En revanche, il ne permet pas de savoir combien de personnes sont réellement engagées dans un processus de transition médicale ou chirurgicale. Les chiffres fournis par la CNAM (Caisse nationale d'Assurance Maladie) concernant les demandes d'ALD (affection de longue durée, qui permet aux ayants droit d'être pris en charge à 100 % par l'Assurance Maladie) pour transidentité permettent de s'en faire une idée plus précise. Entre 2013 et 2020, ce nombre a été multiplié par 10. En 2020, 8 952 personnes bénéficient d'une ALD pour transidentité dont 294 mineurs de moins de 17 ans. Depuis 2019, le nombre de demandes concernant des femmes voulant devenir des hommes (FtM) a rejoint celui des hommes voulant devenir des femmes (MtF)[9]. Il n'est pas surprenant qu'à l'adolescence, période propice à la quête d'identité et à une importante influence des groupes de pairs, la revendication transidentitaire gagne du terrain. On ne peut que constater ce phénomène, sans pouvoir départager l'authentique de l'influence des réseaux sociaux, ce qui au passage ne vaut pas seulement pour les adolescents : nous sommes tous influencés, qu'on le veuille ou pas. Certains crient au scandale, veulent interdire les traitements bloqueurs de puberté chez les mineurs, ce qui revient à les interdire tout simplement, la puberté intervenant le plus souvent avant l'âge de 18 ans. D'autres, dont je suis, font confiance aux professionnels qui suivent ces jeunes en demande de transition. Le rôle des psys est ici d'accompagner au mieux les jeunes et leur famille, sans *a priori* et sans complaisance, ce à quoi s'emploient les consultations spécialisées qui se mettent en place progressivement dans notre pays.

Un enfant ou un adolescent qui ressent que son genre psychique ne correspond pas à son sexe biologique a besoin d'être soutenu psychologiquement. Être un enfant ou un adolescent transgenre n'est jamais simple. L'entourage (école, famille) peut se montrer rejetant, les passages à l'acte suicidaires ne sont pas rares. Et il y a des décisions médicales à prendre concernant les bloqueurs de puberté et divers traitements hormonaux. À l'heure où j'écris ces lignes (mai 2024), le Sénat vient de voter un projet de loi visant à interdire pour les mineurs les traitements hormonaux et la thoracoplastie (l'ablation des seins pour les jeunes filles qui veulent devenir des garçons) et à encadrer strictement la prescription de bloqueurs de puberté. Laissons plutôt faire les professionnels qui ont en charge ces jeunes, et notons au passage qu'il ne s'agit que de quelques dizaines de cas par an, qui requièrent une prise en charge spécialisée plus que des lois contraignantes…

La quête transidentitaire est en pleine expansion, même si elle demeure très minoritaire. Toutefois les questions qu'elle soulève sont essentielles, et la psy « classique » que je suis ne sort pas indemne d'une réflexion aussi honnête que possible à ce propos.

Comme ce fut le cas dans bien des domaines, on a longtemps confondu cause et conséquence : l'anxiété d'une mère d'enfant autiste était décrite par certains psys comme une des causes de l'autisme, avant que l'on se demande si ça n'était pas plutôt une de ses conséquences. Une femme pouvait être victime de violences conjugales répétées car elle avait une mauvaise image d'elle-même et cherchait inconsciemment à se faire du mal. On considère aujourd'hui que ce sont les mauvais traitements répétés qui altèrent la personnalité de la victime et non l'inverse. Si la corrélation entre transidentité, marginalité, addiction et suicide est bien documentée, il est à ce jour impossible de faire la part du rôle des humiliations et des discriminations dans cet état de fait. La société française devenant progressivement plus ouverte, on voit depuis les années 2000, émerger une génération de transgenres assumés et intégrés socialement, ce qui était impensable il y a seulement une quarantaine d'années.

Je suis consciente que, pour les diverses associations qui défendent les droits des personnes trans, je n'ai guère de légitimité à statuer « de l'extérieur » sur ce qui est utile ou non pour elles. Je me contenterai donc de faire part ici de réflexions personnelles.

En matière de transidentité, c'est le sujet lui-même qui comprend, à un moment donné, que son genre psychique ne colle pas avec son sexe biologique. Le monde extérieur voit comme une fille quelqu'un qui *sait* qu'il est un garçon (ou l'inverse). Et c'est lui qui sait quel traitement convient : un ensemble de mesures pour transformer son corps de telle sorte qu'il corresponde le mieux possible à son ressenti de genre. C'est la discordance sexe/genre qui est la cause du malaise ressenti. Nul besoin donc de psy pour établir un diagnostic, prévoir un traitement, chercher une cause. Ce n'est pas le psychisme qui ne va pas, c'est le corps. Dans cette perspective, un psy ne sert à rien. Tout au plus pourra-t-il aider à démêler les raisons du mal-être, pacifier les relations avec l'entourage, orienter vers des consultations spécialisées.

La psychiatrie postule une différence entre le normal et le pathologique. Pour nous, psychiatres, l'anormal (le pathologique) n'est pas le simple écart à la moyenne statistique. Ainsi, ce n'est pas parce que l'immense majorité des humains ne ressentent pas de discordance entre leur sexe biologique et leur genre psychique que cela suffit à faire de ceux qui vivent cette situation des malades. À la normalité, qui n'a *in fine* qu'une valeur statistique, il me semble préférable de substituer la notion de normativité, concept emprunté au philosophe français Georges Canguilhem (1904-1995), auteur entre autres de *Le Normal et le*

Pathologique, qui concerne la capacité du vivant à résoudre des problèmes liés aux contraintes de son environnement non pas en s'adaptant mais en inventant des solutions, à définir des nouvelles normes. Il y a pathologie à partir du moment où la liberté du sujet est entravée, où il s'avère incapable de cette innovation nécessaire à résoudre les problèmes qui se posent à lui tout au long de la vie. Quand j'ai commencé à exercer la psychiatrie, j'avais une vision romantique de la folie, que j'associais à une créativité débridée et à un refus des normes. Je me suis vite rendu compte du caractère répétitif, prévisible et bien souvent dénué d'inventivité des propos et des comportements des patients les plus atteints. *A contrario*, les personnes trans sont incroyablement créatives pour résoudre les problèmes légaux, médicaux, sociaux qui se posent à elles et bousculer les normes établies.

« Le transsexualisme n'est plus considéré comme une maladie mentale[10]. » « En France, les transsexuels ne seront plus considérés comme des malades mentaux[11]. » « Le transsexualisme n'est plus une maladie mentale en France[12]. » La presse se fait largement écho d'un décret en date du 8 février 2010 par lequel Roselyne Bachelot, alors ministre de la Santé, fait sortir le transsexualisme de la liste des maladies mentales donnant droit à remboursement à 100 % des frais médicaux pour le placer dans une liste « hors liste ». C'est donc un décret ministériel qui, répondant aux demandes des associations, tranche officiellement la question. Cette décision ne fonde pas une vérité scientifique qui n'est pas de la compétence d'un ministre. Elle reconnaît simplement la légitimité d'une revendication des personnes trans.

C'est ainsi que la revendication de « dépsychiatrisation » du transsexualisme a de fait été satisfaite, tant à travers les classifications internationales que pour la prise en charge par l'Assurance Maladie des frais médicaux induits par le changement de sexe. Officiellement donc, le transsexualisme n'est pas une maladie mentale.

Les diagnostics psychiatriques se fondent pour l'essentiel sur l'observation clinique du patient et il n'y a dans la plupart des cas aucun élément objectif pour venir confirmer la clinique, tel qu'une IRM ou un examen biologique. Cela rend nécessaire une certaine prudence avant de porter un diagnostic pouvant avoir un impact majeur sur l'existence de la personne concernée : prendre son temps, croiser les points de vue sont indispensables. Un diagnostic de délire est souvent synonyme de psychose. Le délire n'est pas seulement une croyance fausse, il se caractérise par son caractère inébranlable, résistant à toute contradiction, et vient en général entraver le rapport au monde de la personne qui en souffre.

La conviction d'une divergence entre le sexe biologique et le genre psychique peut-elle être assimilée à un délire ? Si l'on s'en tient à la définition classique du délire comme une idée fausse résistant aux preuves de son caractère erroné, le débat est alors de savoir si le sexe biologique doit primer sur le genre psychique ou l'inverse. Autrement dit : où est l'erreur ? le sexe ou le genre ? Et là, le contexte, le système de valeur du groupe sont importants. La notion de genre en tant que construction socioculturelle des rôles masculins et féminins est récente. Jusqu'au XXe siècle, la question ne se posait pas en ces termes. Le sexe était tout : un homme était un homme, une femme une femme. Il n'est donc pas étonnant que les rares personnes transgenres aient alors été considérées comme des curiosités (des monstruosités ?) souffrant d'un dysfonctionnement organique bizarre. Et il n'y a pas lieu non plus de s'étonner que, plus l'idée que le genre est une construction socioculturelle se répand, plus nombreux sont ceux qui ressentent une discordance entre leur sexe et leur vécu comme personne genrée. Cette évolution peut poser question à ceux qui croient au caractère immuable du fonctionnement psychique et de ses ratés sous forme de pathologie. Je pense pour ma part que le contexte socioculturel influe d'une manière importante, contribuant à faire émerger des nouvelles pathologies et à en faire disparaître d'autres. C'est l'objet même de ce livre.

Alors quand bien même j'ai pu être troublée dans ma représentation de ce qui est normal, ou disons habituel, par l'émergence de la revendication transidentitaire, je ne considère pas qu'il s'agisse d'une pathologie psy. Les personnes trans peuvent présenter des troubles psys, mais il s'agit ici de comorbidités, c'est-à-dire de troubles associés. Elles doivent pouvoir bénéficier d'un suivi adapté à leurs besoins, comme tout le monde.

Je comprends qu'une approche dépassionnée de cette question déçoive celles et ceux qui ont une idée arrêtée de ce qui est normal, en général eux-mêmes et leur entourage, et de ce qui ne l'est pas. La division de l'humanité en deux catégories clairement délimitées, le masculin et le féminin, a vécu.

5.

Le psy, le patient et Internet

En 1980, j'assumais sans états d'âme, comme sans doute la majorité de mes confrères, le caractère asymétrique de la relation avec les patients. Ayant fait de longues études, je pensais disposer d'un savoir et de compétences dont ces derniers étaient nécessairement dépourvus.

J'aspirais à être une psy humaine et compréhensive, j'essayais de soigner au mieux les personnes qui m'étaient confiées, sans pour autant remettre en question la nature de la relation que j'avais avec des patients forcément ignorants de la chose psychiatrique et qui ne pouvaient que se fier à moi pour aller mieux. Certains ne suivaient pas les traitements prescrits ou ne venaient pas à la consultation prévue, mais ce qui peut s'interpréter comme un doute quant à l'utilité du suivi proposé ne se manifestait guère de façon explicite. Rares étaient ceux qui, en dehors d'une pathologie avérée de type paranoïaque, se risquaient à contester frontalement les compétences de leur psy. Cette asymétrie dans la relation prenait parfois des formes franchement brutales. Ainsi, on ne se posait pas trop de questions quand un patient hospitalisé en service libre, donc de son plein gré, devenait par trop agité et qu'il fallait lui injecter de force des produits calmants ou l'enfermer dans sa chambre. Je ne voudrais pas ici être trop caricaturale. J'étais consciente de la nécessité de recueillir l'adhésion du patient au traitement proposé, il fallait expliquer et négocier. Mais l'ambiance générale était que les patients, et surtout les patients psychiatriques, étaient ignorants et dénués de droits. Ils ne pouvaient compter que sur le sens éthique des soignants, dans le cadre d'une législation qui précisait certes les modalités de leur hospitalisation sous contrainte – l'internement était régi par la loi de 1838, modifiée en 1990 puis en 2011 – mais en disait peu sur leurs droits une fois hospitalisés et rien sur ceux des personnes qui venaient se soigner de leur plein gré.

Au fil des années, j'ai dû apprendre à composer avec les évolutions de la société, des lois et des patients. L'Internet dans tous les foyers leur permet aujourd'hui de s'informer avant et après la consultation, de vérifier le bien-fondé de ce qu'on leur propose, de s'enquérir des éventuels effets secondaires des médicaments prescrits, de laisser sur la toile des commentaires plus ou moins aimables sur leur psy. La loi de 2002 sur les droits des malades est venue sanctionner une évolution profonde de la relation avec les soignants et les institutions. Le « colloque singulier » qui désignait depuis les années 1930 une relation médecin-malade fondée *a priori* sur la confiance et protégée par le secret médical est un concept dépassé.

Internet a tout changé ?

1984 : J'ai vu à la télé, j'ai entendu à la radio, j'ai lu dans le journal…

2024 : J'ai lu sur Internet…

En 1980, on regarde la télévision, on écoute la radio. Il y a des émissions médicales, le plus souvent bien faites par des journalistes hautement spécialisés. Il y a Françoise Dolto qui, avec son émission de radio « Lorsque l'enfant paraît » va, en 1976, susciter la prise de conscience que « l'enfant est une personne » dès son plus jeune âge. Tout le monde ne lit pas les mêmes journaux et n'écoute pas les mêmes chaînes de radio, mais il y a une sorte de culture partagée. Les sources d'information grand public ne sont pas innombrables et elles sont le plus souvent d'une qualité convenable. Aller voir un psy reste honteux, ce n'est pas un sujet de discussion pour les repas de famille, on ne s'en vante certainement pas. Je n'ai ces années-là guère de souvenirs de patients se voulant experts en matière de pathologie ou de traitement et mettant en cause ma façon de travailler. Cela générait chez moi le sentiment confortable qu'ils me faisaient confiance, sentiment sans doute excessif. Disons plutôt que la défiance ne se manifestait pas.

Avant même qu'Internet ne soit accessible à tous, j'ai vu se développer l'intérêt du public pour les questions psys. J'en veux pour preuve la croissance impressionnante de la diffusion d'un magazine spécialisé tel que *Psychologies Magazine*, créé en 1970 et qui comptera en 2013 plus de 2 millions de lecteurs. Les patients lisent, s'informent, ont leur opinion sur les sujets psy, sur ce qui est normal et ce qui ne l'est pas, découvrent des nouvelles formes de thérapies.

« J'ai lu un article sur l'hypnose. Vous en pensez quoi ? »

« Pour vous, l'EDMR*, c'est efficace ? »

* Eye Movement Desensitization and Reprocessing : thérapie visant à traiter les traumatismes par l'utilisation des mouvements oculaires.

En 2024, plus de 90 % des ménages français ont un accès à Internet, tandis qu'un réseau social comme Facebook compte plus de 40 millions d'utilisateurs réguliers. Internet est pour 50 % des Français la source principale d'information. Le « colloque singulier » est devenu en quelque sorte un ménage à trois entre le psy, le patient et Internet. Cela modifie de part et d'autre la relation. À l'hypothèse du patient ignorant vient se substituer celle du patient informé, qui a les moyens de se renseigner sur ce dont il souffre, sur les traitements qui lui sont proposés, sur son psy.

« Docteur, j'ai vu sur Google que vous êtes mariée avec M. X. et que vous avez écrit des livres… »

« J'ai tapé les mots-clés "tristesse", "excitation", "insomnies" et le diagnostic est sorti : je suis bipolaire. »

« J'ai lu sur Internet que le Risperdal* était un médicament pour la schizophrénie alors que vous m'avez dit que j'étais déprimé, je ne comprends pas… »

Cette remarque vient d'un patient à qui je n'avais pas voulu d'emblée parler de psychose, mais qui présentait des troubles pour lesquels j'avais jugé utile de prescrire un neuroleptique. J'ai dû, comme tous mes collègues, changer d'attitude. Il n'a jamais été question pour moi d'accepter la moindre incursion dans ma vie personnelle qui, en vérité, n'a semblé que rarement intéresser les patients. J'ai toujours considéré que les quelques-uns qui manifestaient ouvertement à mon endroit une curiosité déplacée cherchaient à sortir du cadre de la thérapie. Cela n'était pas dans leur intérêt et je n'y donnais jamais suite. En revanche, je n'ai eu aucune difficulté à fournir les explications concernant les modalités thérapeutiques que je proposais. Peu à peu, sans que j'en sois clairement consciente, ma pratique a évolué. Je dois ici distinguer la psychothérapie du traitement médicamenteux. La pratique de la psychothérapie nécessite un cadre clair et un contrat explicite : nombre, durée et fréquence des séances, tarifs doivent être précisés. Le psy doit être fiable, et cette fiabilité se mesure aisément par sa façon de respecter un contrat correct et de manifester son engagement à aider son patient. Je distinguerais ensuite différentes modalités de psychothérapie. Certaines, comme les thérapies cognitivo-comportementales, font du patient le partenaire du thérapeute, et il est alors utile d'être explicite sur la technique utilisée. D'autres, fondées sur la mobilisation d'affects et d'émotions plus ou moins inconscients, gagnent à conserver leur part de mystère, ce qui limite nécessairement les explications.

On trouve aisément sur Internet tous les renseignements que l'on peut souhaiter à propos des divers médicaments psychotropes, de leurs indications comme de leurs effets secondaires. Il serait donc ridicule de refuser de donner en cas de prescription ou de refus de prescrire, toutes les explications requises.

Un patient qui s'informe sur Internet et qui demande des précisions sur sa prise en charge n'est pas nécessairement suspicieux. J'ai appris au fil des années à donner sans réticence les explications demandées. Parfois, cependant, le patient informé se mue en expert, et la relation se complique.

« Bonjour, docteur. Je viens car je me suis renseigné et j'aurais besoin que vous me prescriviez du X. Je souffre d'une addiction due à ma bipolarité et c'est ce traitement qu'il me faut.

– Qui vous a dit tout ça ?

– Personne. Mais je suis toute la journée sur Internet, et je suis sûr du diagnostic et du traitement

– Pourrions-nous voir ensemble tranquillement ce qui vous arrive ?

– Si ça vous fait plaisir, mais franchement c'est une perte de temps. »

Le patient est fort aimable, mais il ne compte pas renoncer à être son propre médecin, mon rôle se réduisant à ses yeux à rédiger une ordonnance sous sa dictée. Accepter est un problème, s'opposer de manière frontale n'est pas une solution.

« Je ne dis pas que vous avez tort, mais je souhaiterais comprendre comment vous en arrivez à cette conclusion, et peut-être aussi pourquoi vous vous fiez plus à Internet qu'à un professionnel en chair et en os. »

Le dialogue s'installe et l'échange porte alors sur l'expérience qu'a eue ce jeune homme d'une confiance souvent trahie. Il accepte de différer la prescription demandée le temps que nous fassions connaissance et que je me fasse avec son aide une idée plus précise de ce dont il souffre.

Ce travail n'est pas toujours possible, et j'ai reçu parfois des personnes fermement décidées à s'en remettre exclusivement aux informations collectées sur le Net, et qui ne viennent que pour avoir l'ordonnance qu'elles désirent. Ces situations, rares au demeurant, ont existé de tout temps. Internet ne saurait être seul incriminé : il y a toujours eu des gens qui ont une opinion bien arrêtée sur les troubles dont ils souffrent, leurs causes et la façon de les traiter. Internet vient seulement conforter une croyance préexistante.

Un des effets des réseaux sociaux est de favoriser les conversations entre personnes qui partagent le même point de vue. Des groupes se créent qui font la promotion de thérapies censées réussir à tous les coups en ayant recours à des techniques qui sont pourtant loin d'avoir fait leurs preuves, ainsi qu'à des « thérapeutes » dénués de la moindre formation validée. Il y a toujours eu, surtout dans le domaine psy, des charlatans plus inspirés par l'appât du gain que par le souci d'aider son prochain. La nouveauté est qu'il est facile d'y avoir accès, où que l'on habite.

Si Internet n'a pas « tout changé », il marque évidemment une évolution significative dans le domaine de la diffusion d'une information plus ou moins pertinente. Dans le domaine qui m'intéresse, celui de la prise en charge psy, avoir en face de soi des personnes informées et pouvant comparer librement les différentes modalités de prise en charge me semble aller dans le bon sens. D'autant plus que la croyance en l'efficacité du traitement est un élément de son succès qu'on ne saurait négliger.

L'émergence des droits du patient

En mars 2002, la loi sur les droits des malades et la qualité du système de santé – loi n° 2002-303 du 4 mars 2002 relative aux droits des malades et à la qualité du système de santé, dite « loi Kouchner » – est venue sanctionner une décennie d'évolution des rapports médecin-malade. L'épidémie de sida a amené des associations de patients à prendre en main leurs traitements et à se poser en partenaires des soignants, exigeants et créatifs. Divers scandales sanitaires ont émaillé les trente dernières années, venant conforter l'idée qu'une confiance aveugle des usagers envers le système de soin et ses divers acteurs n'est plus ni possible ni souhaitable.

En 1980, je l'ai dit, on ne se posait pas tant de questions. Je n'ai aucun souvenir d'avoir eu au cours de mes études la moindre information sur les droits des patients. La déontologie médicale régissait le comportement des médecins, nécessairement respectueux, mais la relation était en quelque sorte à sens unique. Il incombait au professionnel de se comporter convenablement, on n'attendait pas du patient qu'il prenne une part autre que passive à cette relation.

Arrivée en Picardie dans les années 1980, j'ai été confrontée à des situations que ma formation ne m'avait guère préparée à affronter.

J'exerçais dans une commune rurale, où chaque foyer possédait au moins un fusil. Il est arrivé qu'un patient pris de boisson tire sur le car scolaire et que le maire de la commune prenne un arrêté d'internement d'office à l'hôpital psychiatrique. Une fois dégrisé, le patient est autorisé à sortir. Le maire lui a confisqué son fusil et son permis de chasse. Le patient se présente à ma consultation. C'est un homme d'une cinquantaine d'années, qui vit encore avec sa vieille mère. Il est ouvrier agricole à ses heures, et manifestement peu porté sur l'introspection.

> « Bonjour, docteur. Le maire m'a dit qu'il me rendrait mon fusil si je lui apportais un certificat médical attestant que je ne bois plus. Pouvez-vous me faire ce certificat ? »

Effectivement, le jour de la consultation, ce monsieur est sobre. Mais d'ici à certifier qu'il est durablement abstinent, il y a un pas que je ne songe raisonnablement pas à franchir.

« Je peux vous faire un certificat attestant qu'aujourd'hui vous êtes apparemment sobre.

– Ça ne va pas suffire, il veut un certificat disant que je ne boirai plus jamais…

– C'est impossible, vous comprenez bien que je ne peux pas garantir l'avenir.

– Oui, mais sinon il garde mon fusil.

– Je vais l'appeler et voir ça avec lui. »

Ici, le consultant n'est pas considéré comme un sujet de droit. La situation se gère en dehors de toute considération légale, entre gens raisonnables. Le patient est traité comme un enfant à qui on confisque son fusil, qu'on lui rendra s'il est sage. Il ne vient à l'idée de personne de demander l'intervention d'un juge, ni même de s'enquérir des éventuelles règles de droit qui pourraient s'appliquer dans cette situation. Le patient lui-même n'y songe pas.

Avec la loi de 2002, les patients ont conquis des droits et l'attitude des soignants a changé. La prudence a succédé à la toute-puissance, certains confrères craignaient les procès et voyaient en tout patient un peu agressif un futur plaignant. En fait, il n'y a pas eu une grande inflation de procès contre des soignants dans les années qui ont suivi la promulgation de la loi, une relation paisible et confiante restant fort heureusement la règle.

Pour un psy, la relation est décisive. Le travail psychothérapeutique concerne au premier chef la relation que le consultant a avec son entourage. La façon dont la relation se noue entre le patient et son psy donne le *la*, et permet d'entrevoir comment les choses se passent à l'extérieur du cabinet de consultation.

> « J'ai l'impression que vous ne vous intéressez pas à mon cas.
>
> – Ah bon ? Et ce sentiment, vous ne l'avez qu'avec moi ?
>
> – Non, mon mari ne s'intéresse pas à moi non plus. Et quand j'étais enfant, il n'y en avait que pour mon frère… »

À partir du moment où le patient est conscient de ses droits, et où le psy l'est également, la relation change forcément. C'est ce qui s'est passé au cours des années 2000, et cela a rendu cette relation moins asymétrique. Dans la plupart des situations, cela n'a rien changé, du moins en apparence. Rares sont en effet les patients qui d'emblée revendiquent explicitement leurs droits à consentir de manière éclairée au traitement proposé ou à avoir accès à leur dossier médical.

> « Je voudrais savoir exactement comment vous procédez. Et aussi, je veux avoir accès à mon dossier, c'est mon droit.
>
> – Vous avez raison. Je vous ferai faire une copie du dossier. Et je ne sais pas encore comment je vais travailler avec vous, il me faut déjà comprendre ce qui vous amène… Mais je vous donnerai au fur et à mesure toutes les explications que vous pourrez souhaiter. »

J'ai eu parfois ce genre de dialogue, plutôt à partir de la fin des années 1990. La défiance envers les médecins devient alors plus facile à assumer, le retentissement du scandale du sang contaminé ayant généré une suspicion légitime à l'égard du corps médical. Ici, le droit devient pour le patient un instrument de contrôle de la relation qu'il faut prendre en compte pour essayer de travailler. D'une manière générale, le droit intervient pour réguler la relation en cas de conflit. Une personne qui excipe de ses droits avant même d'entrer en relation avec autrui montre avant tout ses craintes et sa fragilité.

> « Vous faites état de vos droits, et vous avez raison. Mais qu'est-ce que vous craignez ?
> – Les psys, vous nous manipulez, on est comme des cobayes. Alors je me méfie. »

Ce dialogue intervient au début des années 2000. Aujourd'hui, il semblerait qu'on se méfie moins des psys. La série *En thérapie* est passée par là…

La confiance doit se construire pas à pas. Le cadre légal est nécessaire pour assurer au patient sécurité et protection, mais il ne suffira pas à le rassurer, c'est la qualité de la relation thérapeutique qui s'en chargera, si tout se passe bien.

L'accès à Internet pour tous, combiné à l'émergence du droit des patients, a profondément modifié la relation entre les psys et ceux qui viennent les consulter. J'ai vu en quarante ans changer la façon dont les patients se situent ainsi que celle dont les professionnels se comportent, plus prudents, plus respectueux. La qualité parfois douteuse des informations trouvées sur le Net tout comme les exigences de certains patients qui mettent agressivement en avant les droits que la loi leur accorde ne doivent pas nous faire regretter ce qui constitue pourtant un progrès incontestable, pour les usagers comme pour les psys.

6.

Tous addicts ?

1984 : Mon médecin m'a conseillé de venir vous voir. J'ai une cirrhose et il m'a dit que si je continuais à boire, j'allais mourir.

2024 : Je suis addict à la cocaïne. Je travaille énormément et je suis obligé d'en prendre pour tenir le rythme. J'ai essayé d'arrêter mais je me suis senti tellement mal que j'en ai repris. Aidez-moi, je n'en peux plus…

La question des addictions éclaire un processus commun à bien des domaines où la demande de soins psys est concernée. À partir d'un changement de politique publique, l'offre de soins se modifie. Ce changement amène une transformation de la demande, les pratiques professionnelles s'adaptent et on assiste alors à une refonte complète de la façon d'aborder les patients concernés. Cela montre que la demande psy comme la façon d'exercer dépendent toutes deux fortement du contexte. Et chacune vient influer sur l'autre.

En 1980, il existe en France deux circuits de prise en charge distincts, l'un dédié aux alcooliques, l'autre aux toxicomanes. Chaque système a sa culture, ses patients, ses professionnels, et on ne se mélange pas.

Mon parcours professionnel m'a amenée à côtoyer successivement les deux systèmes. À partir de 1984, j'ai été consultante dans ce qu'on appelait un CHAA (Centre d'hygiène alimentaire et d'alcoologie, financé par l'État, proposant des soins gratuits) spécialisé pour le traitement des alcooliques, puis j'ai pris en 1991 la direction d'une structure appelée alors CSST (Centre de soins spécialisés pour toxicomanes, également financé par l'État et proposant des soins gratuits) qui soignait des toxicomanes.

Dans ces deux lieux, les personnes qui venaient consulter avaient déjà leur diagnostic avant même d'avoir vu un médecin. Ceux qui consultaient en alcoologie étaient forcément alcooliques, ceux qui venaient au CSST toxicomanes. La plupart d'entre eux savaient à quoi s'attendre : on allait leur demander d'arrêter de consommer, et ça n'allait pas être facile…

Les années 1980 : abstinence, abstinence…

À partir de 1960, on assiste en France à un déclin spectaculaire de la consommation d'alcool. En 1980, l'alcool au quotidien fait toujours des ravages. Les Français consomment alors en moyenne 150 litres de boissons alcoolisées par an, dont la moitié de vin. L'alcoolisme a cessé d'être considéré comme un vice ou un fléau social touchant essentiellement les classes laborieuses. Il est clairement identifié comme une maladie, qui reste toutefois souvent honteuse. Ainsi, les pouvoirs publics, qui créent en 1975 les premières consultations dédiées à ce qu'il est à l'époque convenu d'appeler la lutte antialcoolique, choisissent de les nommer « centres d'hygiène alimentaire » afin de ne pas effrayer les éventuels consultants. Les CHA ne se transformeront en CHAA (le deuxième « A » pour Alcoologie) qu'en 1983. J'ai été à de nombreuses reprises le témoin désolé de cette honte génératrice de déni qui accompagnait trop souvent l'abus d'alcool.

« C'est mon médecin qui m'a dit de venir vous voir, mais je n'ai pas compris pourquoi.

– Ici, c'est une consultation pour les problèmes d'alcool. Vous pensez être concerné ?

– Certainement pas ! Je ne comprends pas pourquoi il m'a dit de venir.

– Sans doute a-t-il estimé que vos problèmes de santé étaient en rapport avec votre consommation d'alcool. Que voulez-vous que nous fassions ?

– Je vous jure, docteur, je ne bois pas ! »

Bien que le patient présente à l'œil nu tous les stigmates d'un alcoolisme chronique sévère, il ne saurait être question pour lui de le reconnaître. Le médecin qui me l'a adressé, joint par téléphone avec l'accord du patient, me confirme qu'il n'a pas osé aborder la question :

« Vous comprenez, je connais toute sa famille, j'ai eu peur de le vexer. Mais il est dans un état pré-cirrhotique, s'il n'arrête pas rapidement, ça risque d'être grave. »

L'opprobre qui accompagne alors trop souvent l'alcoolisme ne facilite pas le travail. Il est difficile, voire impossible, de soigner des personnes pour un problème qu'elles n'ont pas…

« Écoutez, voilà ce que je vous propose. Ici, comme je vous l'ai dit, c'est une consultation pour les personnes qui ont un problème d'alcool. Réfléchissez, et si vous pensez que je peux vous aider, je suis à votre disposition.

– Mais vous, vous pensez que j'ai un problème ?

– Ce qui compte, c'est ce que vous pensez. Si vous le souhaitez, je suis prête à vous aider. »

Prendre son temps est important. Dans ce type de situation, j'ai souvent vu le patient revenir plusieurs mois après, l'aggravation des troubles ayant rendu le déni impossible à soutenir plus longtemps. Et nous avons alors pu nous mettre au travail.

En 1980, la prise en charge des personnes alcooliques se décline théoriquement comme suit : préparation du sevrage, sevrage, post-cure, suivi du maintien de l'abstinence. En pratique, cela donne le plus souvent : préparation du sevrage, sevrage, post-cure, rechute… et on recommence. J'ai connu des patients qui avaient effectué plusieurs dizaines de sevrages à l'hôpital suivis plus ou moins rapidement de rechutes. Mais bon, on espérait toujours que la prochaine fois serait la bonne, et il arrivait que cela soit le cas.

Le but du traitement est alors l'abstinence totale et définitive. Alcoolique un jour, alcoolique toujours. La seule solution est donc de se tenir à l'écart de toute consommation, fût-elle apparemment anodine. Des histoires circulent : on se plaît à évoquer ces cas terribles de patients qui, abstinents depuis des années, rechutent gravement après avoir mangé un simple bonbon à la liqueur, ou une salade assaisonnée avec du vinaigre de vin. Nous conseillons à nos patients d'assister le plus régulièrement possible à des réunions d'associations d'anciens buveurs, afin de bénéficier de leurs conseils et de l'entraide nécessaire au dur maintien de l'abstinence. Parallèlement, ils doivent évoluer dans un environnement où l'alcool coule à flots, au travail comme en famille : pots de départ en retraite, naissances, anniversaires... En France, impossible de refuser un verre :

> « Vous comprenez docteur, si je dis que je ne peux pas boire, ils vont penser que je suis malade, ils vont se poser des questions. »

Les personnes qui souffrent d'alcoolisme sont ainsi soumises à la pression contradictoire d'un environnement encore très tolérant vis-à-vis de la consommation de boissons alcoolisées et de soignants qui les enjoignent de cesser définitivement tout usage d'alcool, même de manière exceptionnelle.

Pour certains, cette injonction est en elle-même génératrice d'angoisse :

> « Docteur, quand je suis sorti de votre consultation, ça m'a tellement angoissé que je suis allé boire un verre au bistro, alors que ça faisait deux semaines que j'avais arrêté.
> – Et qu'est-ce qui vous a angoissé comme ça ?
> – C'est quand vous m'avez dit que je ne devrais plus jamais boire une goutte d'alcool. Ça m'a paniqué. »

Je reste convaincue que l'abstinence est dans certains cas la seule option possible. Certaines personnes, pas toutes, sont manifestement incapables de contrôler leur consommation. Mais il y a un chemin à parcourir pour faire partager ce point de vue au patient. L'abstinence érigée en dogme, posée comme un *a priori* incontournable de tout travail thérapeutique avec les personnes alcooliques, finit par poser plus de problèmes qu'elle n'apporte de solutions.

« Pourquoi n'êtes-vous pas revenu me voir ? Je trouvais qu'on avançait bien.

– Comme j'ai recommencé à boire, je n'ai pas osé… »

Évidemment… Les personnes alcooliques qui viennent consulter ont bien souvent une vie riche en difficultés de tous ordres et une très mauvaise image d'elles-mêmes, que le rôle du psy n'est certainement pas d'amplifier. Miser tout sur l'abstinence et faire de toute reprise de la consommation un échec ne favorise pas un engagement durable et positif dans la thérapie. De nombreux patients venaient consulter une fois ou deux, et on ne les revoyait plus. Manque de motivation pensions-nous, sans trop nous interroger sur notre implication dans le caractère trop souvent infructueux de ces prises en charges.

En 1980, le système de soins pour les toxicomanes fonctionne lui aussi autour de l'abstinence. Le caractère illégal de l'usage de drogues a amené les pouvoirs publics à mettre en place, à partir du vote de la loi de 1970, un ensemble de structures dédiées spécifiquement aux toxicomanes. La loi de 1970 prévoit en effet que toute personne usagère de drogues (et donc délinquante de ce simple fait) peut bénéficier anonymement de soins gratuits sans risquer d'être poursuivie pour usage de drogues[1]. La drogue inquiète plus que l'alcool. Une théorie est alors en vogue, dite « théorie de Ledermann », qui veut que la consommation moyenne d'alcool d'une population détermine le nombre de buveurs excessifs. Sully Lederman (1915-1967) est un démographe de l'Institut National d'Études Démographiques, auteur entre autres d'un ouvrage paru en 1956, *Alcool, alcoolisme, alcoolisation*, dans lequel il développe cette théorie. En France, où la consommation d'alcool est largement répandue dans la population, il n'y aurait pas de différence autre que quantitative entre les alcooliques et les autres. Pour les toxicomanes, ce n'est pas du tout la même chose. Ils sont perçus comme radicalement différents, en marge de la société. En 1980, le Français moyen ne consomme pas de stupéfiants, l'usage de cannabis est loin d'être aussi répandu qu'aujourd'hui – les premières statistiques remontent aux années 1990 et ne deviennent vraiment fiables que dix ans plus tard –, les héroïnomanes ne sont que quelques milliers. La consommation de drogues reste cantonnée aux grandes zones urbaines.

Ces usages sont largement méconnus en France. Faute de statistiques sérieuses, la question émerge périodiquement sous forme de faits divers qui scandalisent ou émeuvent : mort par overdose de chanteurs célèbres, arrestations de jeunes délinquants sous l'emprise de stupéfiants. On ne fait pas de différence entre le cannabis et l'héroïne perçus comme également toxiques pour la société, les toxicomanes pouvant, croit-on, sous l'emprise de ces substances, commettre toutes sortes de crimes.

Tout comme pour les alcooliques, le système de soins qui se construit se focalise sur la désintoxication. Diverses techniques sont employées : sevrage à l'hôpital, diminution progressive des doses consommées, remplacement de l'héroïne prohibée par des médicaments contenant des opiacés. Tous les professionnels qui travaillent avec les toxicomanes font le même constat : l'abstinence durable est très difficile à obtenir, les rechutes sont la règle. Au Centre Marmottan, créé à Paris en 1973 et qui dispose de lits de sevrage, on ne s'émeut pas d'un taux de rechute proche de 100 % : « La visée de ces traitements (le sevrage) n'est plus l'instauration d'un équilibre au long cours mais le vécu d'une expérience dont le thérapeute espère qu'elle puisse, de façon durable, modifier la mémoire du sujet, modifiant ainsi son rapport à l'addiction[2]. » On le voit, l'ambition est modeste. Des post-cures sont créées, en général loin des villes, pour accueillir pour des séjours de plusieurs mois des toxicomanes supposés abstinents et les aider à reprendre un mode de vie plus sain.

Les années 1980 voient les usages de drogues croître de manière exponentielle. Les statistiques précises manquent, je l'ai dit, mais les signes indirects sont éloquents : arrestations, saisies de stupéfiants, morts par overdose, recours aux urgences explosent.

La focalisation quasi exclusive du soin aux toxicomanes sur l'abstinence ne remplit pas ses objectifs. Mais là n'est pas le seul problème. Tout comme pour les alcooliques, cette approche s'avère puissamment dissuasive, nombre de toxicomanes ne viendront jamais consulter, car ils ne souhaitent pas arrêter de consommer. Par ailleurs, les professionnels qui s'occupent des toxicomanes, psychiatres psychologues, éducateurs, sont peu enclins à se soucier de leur santé physique. Le sida rôde, et au début des années 1990, les conséquences dramatiques de cette négligence vont éclater au grand jour.

Les années 1990 : la remise en cause

Au début des années 1990, il existe toujours deux filières distinctes. Ce distinguo repose sur le statut légal des substances consommées et non sur leurs effets néfastes pour la santé. Cependant, on assiste à une prise de conscience progressive de la nécessité de lutter plus énergiquement non seulement contre l'usage des drogues, mais aussi contre celui de l'alcool et, ce qui est relativement nouveau, du tabac.

Si le lien entre tabagisme et cancer du poumon est connu depuis 1950, il faut attendre la loi Veil de 1976, suivie de la loi Evin de 1991, pour que la France mette en place les premières mesures de prévention de l'usage du tabac. On est encore loin de considérer le tabagisme comme une addiction au même titre que l'alcoolisme ou la toxicomanie, et il n'existe pas à l'époque de consultation dédiée. Dans les consultations psy, le tabagisme n'est guère évoqué comme un problème. Quand les médecins préconisent l'arrêt du tabac à leurs patientes enceintes comme à ceux qui souffrent de pathologies cardiaques ou respiratoires, il leur faut se débrouiller seuls pour y parvenir. Les premiers substituts nicotiniques qui sont introduits en France en 1986 sous forme de gomme à mâcher, sur ordonnance et non remboursés, n'ont qu'un succès modéré.

Il y a une spécificité du consommateur de tabac. Il n'est, jusqu'aux années 1990, généralement pas perçu comme souffrant d'un quelconque déséquilibre psychique. Beaucoup d'entre nous ont été fumeurs, je l'ai personnellement été pendant de nombreuses années. Le tabac n'a pas d'effet psychotrope notable, il n'est pas excitant, n'entraîne pas de trouble du comportement. Le problème arrive quand on essaye d'arrêter. Certains y parviennent sans trop de difficulté, d'autres développent des troubles anxieux, des troubles du comportement alimentaire, d'autres rechutent régulièrement. Les politiques publiques de restriction des possibilités de fumer sur l'espace public, l'augmentation du prix du tabac, les campagnes de prévention ont amené de nombreux consommateurs à tenter de se sevrer. Parmi eux émerge, au cours des années 1990, la figure du fumeur incapable de s'arrêter comme sujet malade. Jusque-là, fumer était considéré comme un signe d'émancipation, de virilité, un message érotique. Le cow-boy Malboro, l'actrice Laureen Bacall incarnent parfaitement cette mythologie aujourd'hui obsolète. L'exemple du tabac montre bien comment certaines pathologies ne se manifestent qu'en fonction du contexte, ici la prohibition. À partir des années 2000, quand on commence à voir devant les immeubles de bureau des alignements de fumeurs grelottant par grand froid, leur aliénation saute aux yeux. C'est bien l'impossibilité de s'abstenir qui est le problème. Alors que jusque-là, fumer pouvait passer pour un plaisir exercé librement, chacun voit bien que ce n'est pas le cas.

La véritable révolution est venue du côté de la prise en charge des toxicomanes, et a, par ricochet, amené à reconsidérer la façon de faire avec les alcooliques et les tabagiques.

Au départ, c'est une modification des politiques publiques qui se met en place. Les années 1990 sont meurtrières pour les toxicomanes français. Overdoses et sida tuent par milliers, et les pouvoirs publics commencent à s'émouvoir de la situation. Essayer de sevrer des toxicomanes pour qu'ils meurent du sida, à quoi bon ? Dans la ville d'Amsterdam, depuis la fin des années 1970, l'idée est née d'une nouvelle approche, appelée réduction des risques. Si un usager de drogues ne veut ou ne peut pas renoncer à cet usage, on doit l'aider à réduire les risques qu'il cause à lui-même et aux autres. Cette politique se décline par la suite avec la mise à disposition de seringues stériles pour éviter les contaminations par le virus du sida et par les hépatites, la distribution de traitements dits de « substitution », l'ouverture de lieux d'accueil pour personnes consommatrices de drogues etc. La France, non sans polémiques, finit par adopter cette approche qui va subvertir la façon dont les psys au contact des toxicomanes vont procéder. Renoncer à faire de l'abstinence un préalable à toute prise en charge médicale ou psychothérapeutique n'allait pourtant pas de soi.

À partir de 1995, c'est la prescription de traitements de substitution qui va complètement changer la façon de travailler. Le but était au départ la prévention de la contamination par le virus du sida, il s'agissait donc bien d'un objectif de santé publique. L'idée des traitements de substitution est de remplacer l'héroïne, achetée illégalement et souvent injectée dans des conditions dangereuses, par un médicament opiacé (méthadone ou buprénorphine), consommé par voie orale, qui évite les signes de manque tout en ayant des effets psychotropes atténués mais suffisants pour permettre à l'héroïnomane de se passer de sa drogue favorite. Prescrits par des médecins, dispensés dans des lieux dotés d'infirmières, de psys, de travailleurs sociaux, ces traitements ont permis à nombre de toxicomanes qui jusque-là se tenaient à l'écart de tout système de soins de commencer à se préoccuper de leur santé.

J'ai personnellement vécu ce changement d'approche, qui a radicalement modifié ma façon de travailler au cours des années 1990.

En 1990 le dialogue avec les patients toxicomanes tournait autour de leurs consommations de drogue. Dans le lieu où j'exerçais, qui offrait hébergement, nourriture, prise en charge sanitaire et sociale, la consommation de drogues était théoriquement interdite, les usagers cherchaient à la dissimuler pour bénéficier de nos services.

« Vous avez consommé aujourd'hui ?

– Non, je suis clean…

– C'est curieux, vous avez pourtant l'air plutôt défoncé.

– Si vous ne me faites pas confiance, Docteur, pourquoi on parle ? »

Effectivement… Les consommateurs cherchaient à dissimuler tant bien que mal leurs consommations, les professionnels cherchaient à se convaincre des progrès accomplis par leurs patients, dans une relation faussée de part et d'autre et qui en général ne donnait pas de grand résultat.

Avec la diffusion des traitements de substitution, j'ai vu en quelques mois la relation changer. Une fois évacuée la question de la consommation, on peut enfin aborder des sujets plus intimes, et la psy que je suis retrouve ses marques.

Je me souviens de ce dialogue avec un patient toxicomane traité par la méthadone. Nous sommes à la fin des années 1990 :

« Comment allez-vous aujourd'hui ?

– Pas terrible. J'ai des problèmes avec ma compagne. Avant, j'avais des problèmes de drogue, maintenant j'ai les problèmes de monsieur tout le monde : travail, couple. C'est navrant !

– Non, c'est la vie. Un problème chasse l'autre. Ce qui est pénible, c'est d'avoir toujours le même. Et il n'y a que les morts qui n'ont plus de problème… »

L'introduction de ces traitements a non seulement favorisé un travail psy plus authentique et efficace, mais elle a largement contribué à changer la façon d'appréhender la question des addictions en général. Le sujet toxicomane, marginal, forcément délinquant, est devenu un malade qu'il faut soigner. Et on a commencé à s'interroger sur un regroupement possible de l'approche et du soin de catégories de patients jusqu'ici distinctes : alcooliques, tabagiques, joueurs pathologiques, toutes englobées dans le concept général d'addiction. La banalisation de la toxicomanie a aussi bénéficié, si j'ose dire, de la diffusion massive des consommations sur l'ensemble du territoire tandis que l'usage du cannabis explosait au cours des années 1990-2010. En 2007, cette évolution dans les concepts comme dans les pratiques est consacrée avec le regroupement en une seule structure, le Centre de soins, d'accompagnement et de prévention en addictologie (CSAPA) des divers centres qui existaient auparavant.

2020 : la fin de l'abstinence

À partir des années 2000, la notion d'addiction triomphe. L'addiction est « un processus par lequel un comportement qui peut fonctionner à la fois pour produire un plaisir et pour soulager un malaise intérieur est utilisé sur un mode caractérisé par l'échec répété dans le contrôle de ce comportement et la persistance de ce comportement en dépit de conséquences négatives significatives[3] ». L'accent est mis sur le comportement de consommation plus que sur le produit consommé ou la personnalité du consommateur. Le travail psy se déplace ainsi doublement. Avec la prescription des traitements de substitution, réservée aux héroïnomanes, l'abstinence a cessé d'être un objectif. Ce point de vue s'est progressivement étendu aux autres addictions, pour lesquelles, hormis les substituts nicotiniques pour les personnes dépendantes du tabac, il n'existe pourtant pas de traitement comparable. Si l'addiction est un problème de comportement, c'est en ces termes que s'engagera *a priori* le travail psy : une psychothérapie de type cognitivo-comportementale semblera plus appropriée qu'une psychanalyse.

J'ai pu mesurer le changement bénéfique d'une approche qui cesse de se focaliser sur l'abstinence par comparaison avec les pratiques des années 1980. Nous sommes en 2010. En général, les patients viennent consulter sans appréhension.

« Bonjour, que puis-je pour vous ?

– Je viens pour des problèmes d'alcool.

– Quels problèmes ?

– Eh bien, je ne bois pas tous les jours, mais quand je commence, je ne m'arrête plus, et alors, je deviens agressif.

– Par exemple ?

– Samedi dernier, il y avait la fête des voisins. J'ai bu pas mal de vin, et j'ai commencé à faire des remarques désobligeantes. Un voisin l'a mal pris, nous nous sommes battus, la police est intervenue et j'ai passé la nuit au poste en salle de dégrisement. Ma femme était furieuse. Elle m'a dit que si ça ne changeait pas, elle demanderait le divorce.

– Je vais d'abord voir avec vous ce que vous buvez, en quantité et aussi quel type d'alcool. Et nous allons déterminer ensemble des objectifs à atteindre, en fonction de ce que vous souhaitez et de ce qui est possible pour vous.

– Il faut que je m'arrête tout de suite. Ma femme ne va pas supporter longtemps que je continue à boire.

– Ça risque d'être compliqué. Si vous le souhaitez, je peux recevoir votre épouse avec vous et on lui expliquera ce que l'on compte faire. Il faut qu'elle nous donne un peu de temps. »

Souvent, les patients surestiment leur capacité à modifier leurs consommations. Le travail consiste pour moi à définir avec eux des objectifs réalistes et souvent modestes, à avancer pas à pas, à faire que les échecs deviennent des expériences utiles. Un minimum d'alliance avec l'entourage, qu'il s'agisse de la famille ou du milieu professionnel, est nécessaire.

Bien sûr, tout ne se règle pas comme avec une baguette magique. Il y a des échecs, des ruptures de prise en charge. La honte ne disparaît pas comme par enchantement. Mais la dynamique de la thérapie est complètement différente de celle à l'œuvre en 1980. C'est plutôt moi qui freine les aspirations à l'abstinence :

> « Tant que nous n'aurons pas compris à quoi cela vous sert de boire de telle façon que ça devienne un problème, je pense qu'il ne faut pas arrêter trop brutalement.
> – Vous croyez ? Je peux quand même essayer.
> – Je n'y suis pas favorable pour le moment. Si c'était si simple, vous n'auriez pas besoin de moi.
> – C'est vrai. J'ai essayé plusieurs fois mais je n'y suis pas arrivé.
> – Ça m'intéresse. Pouvez-vous me décrire comment vous vous y êtes pris pour rechuter ? »

En effet, certains patients sont en quelque sorte « spécialistes en rechutes » : ils se sont sevrés des dizaines de fois, seuls ou à l'hôpital, et ont rechuté souvent rapidement. Dans un article consacré à cette question intitulé « La cybernétique du "soi" : une théorie de l'alcoolisme[4] », Grégory Bateson (1904-1980), anthropologue et psychologue américain, relève qu'en général, on prend la question de l'intoxication alcoolique à l'envers. Pour lui, c'est la sobriété le problème, et non l'alcoolisation. Il suggère par conséquent de s'intéresser plus aux périodes de sobriété et de tenter de comprendre ce qui favorise la rechute que l'inverse.

De nombreux patients aspirent à « maîtriser » leur consommation, plutôt qu'à atteindre une abstinence complète. Je fais toujours bon accueil à cette demande, même si bien souvent c'est précisément ce qui leur est impossible. C'est l'expérience partagée et analysée avec le thérapeute qui permet de constater, dans nombre de cas, qu'ils n'y arriveront pas.

> « Si vous êtes d'accord, nous allons tenter une expérience.
> – Pas de problème, dites-moi ce que je dois faire.
> – D'ici notre prochain rendez-vous, vous allez essayer une fois de ne pas boire le soir en rentrant à la maison.
> – Je peux le faire plusieurs soirs.
> – Non, un seul. On va décider lequel, celui qui vous semble le plus facile, et lors de notre prochaine consultation, vous me raconterez comment ça s'est passé. Si vous avez réussi, ce qui a été difficile, si vous n'y êtes pas parvenu, à quel moment vous avez craqué. »

On est loin de l'approche des années 1980, où le patient devait arrêter immédiatement toute consommation. Ici, il s'agit d'engager un processus d'étude des conditions de l'alcoolisation problématique et des capacités à changer les choses. Diverses options peuvent être testées (réduction des consommations, abstinence intermittente, abstinence totale) jusqu'à ce qu'ensemble, patient et thérapeute, nous trouvions la meilleure solution, qui n'est pas forcément la solution idéale mais celle qui est possible.

Tous addicts ?

En 1980, il n'était pas envisageable de mettre sur le même plan d'une part les alcooliques et les fumeurs, d'autre part les toxicomanes. D'un côté, nous avions des personnes intégrées socialement, les fumeurs bien sûr, mais aussi dans une certaine mesure les alcooliques, qui n'étaient que la déclinaison excessive d'une pratique bien intégrée à la culture française. Les toxicomanes, qui consomment des produits exotiques et prohibés tels que l'héroïne ou le cannabis, étaient perçus comme radicalement autres.

Si la notion d'addiction et son corollaire, le regroupement dans une catégorie unique de comportements auparavant considérés comme distincts, a rencontré un tel succès dans notre pays, c'est qu'elle arrive dans un contexte favorable à divers titres. Les Français ont pris conscience, au tournant des années 1980, de la dangerosité de l'abus d'alcool et de l'usage du tabac. L'impulsion a été donnée par des politiques publiques dissuasives, une large majorité de Français a suivi et modifié ses pratiques de consommation. À la marge, ceux qui n'y sont pas parvenus sont apparus comme des addicts qu'il convenait de soigner. La consommation de stupéfiants (cannabis, héroïne et aujourd'hui cocaïne) a explosé, et touche toutes les catégories de la société, sur l'ensemble du territoire. Elle ne concerne donc plus seulement une poignée de marginaux, mais s'est banalisée. Le regroupement avec les alcooliques et les fumeurs dépendants du tabac choque moins.

D'autres activités, quand elles sont pratiquées sans modération, sont venues ces dernières années grossir la cohorte des addictions, au premier rang desquelles le jeu pathologique et la dépendance aux écrans.

Jadis, le joueur impénitent qui se ruinait au casino faisait partie du folklore. En 2022, environ 1 % de la population française âgée de plus de 17 ans joue quotidiennement aux jeux d'argent, et environ 2 000 personnes ont été soignées dans les centres spécialisés pour leur addiction au jeu[5].

J'ai vu, à partir de 2010, arriver des demandes de consultations pour ce type d'addiction qui peut causer des dommages familiaux et sociaux impressionnants.

L'addiction aux écrans, s'agissant d'adultes, peut prendre diverses formes. Il y a certainement des personnes qui ont perdu le contrôle de leur usage des écrans et qui aimeraient pouvoir en limiter les conséquences négatives, en général la perte d'intérêt pour le monde réel et les relations humaines au profit d'un univers virtuel. Cependant, il n'existe pas de critères objectifs tels qu'une durée « normale » d'usage des écrans. Qui aurait pu imaginer, en 1980, que la plupart d'entre nous passeraient quarante ans plus tard plusieurs heures par jour devant divers écrans, ordinateurs, téléphones, tablettes, pour travailler, s'informer, se distraire ? Et derrière l'écran, il y a les jeux vidéo, les jeux en ligne, la pornographie, les réseaux sociaux, les sites de rencontre…

En 2010, j'ai eu l'occasion de suivre pour des problèmes d'alcool un homme âgé d'une quarantaine d'années qui s'est avéré présenter un usage à tout le moins abusif des sites de rencontre. Il passait des heures sur son ordinateur à chercher les bonnes fortunes, son employeur l'avait menacé de licenciement car il se livrait à cette activité pendant les heures de travail. Il décrivait un processus proche de l'addiction : il était conscient des inconvénients de cet usage excessif des écrans qui lui permettait de nouer des relations sexuelles multiples auxquelles il n'arrivait pas à renoncer. Il était, me semble-t-il, plus addict à une certaine forme de sexualité qu'aux écrans à proprement parler. Il en va de même pour les adultes dépendants des jeux vidéo ou du poker en ligne. Le ressort de leur addiction est le jeu, c'est simplement le médium qui permet de jouer qui est nouveau, et d'autant plus puissant et dangereux qu'il est disponible à partir de la maison, et 24 heures sur 24. Ce n'est donc pas l'écran qui est addictogène, c'est ce à quoi il donne accès. Les éditeurs de jeux vidéo ont des stratégies délibérées pour inciter leurs clients à jouer toujours plus. Certains réseaux sociaux font tout pour que les adolescents ne puissent pas quitter leur écran des yeux de jour comme de nuit. Et il devient difficile de résister à partir du moment où tout est fait pour vous séduire et vous maintenir captif. Comme ce fut le cas en son temps pour le tabac, les politiques publiques qui visent à réguler l'action des entreprises qui fabriquent les jeux vidéo ou les réseaux sociaux, à informer des dangers, à promouvoir les bonnes pratiques sont utiles. Bannir les jeux délibérément addictifs, interdire l'usage des écrans dans les crèches et les écoles, promouvoir l'écrit sous forme de livres plutôt que de tablettes ou d'ordinateurs, éduquer les jeunes à un bon usage de l'Internet, créer des journées (des semaines ?) sans écran contribuerait à développer la culture d'une utilisation raisonnée des écrans et partant d'en prévenir les addictions. Et pour ceux qui font un usage des écrans dangereux pour leur santé physique et mentale, le recours à l'aide d'un psy peut s'avérer nécessaire.

La tentation est grande d'étendre la notion d'addiction à tous les comportements où l'absence de contrôle peut entraîner des conséquences désastreuses. L'anorexie est ainsi décrite par certains comme une forme d'addiction à la sensation de faim. Je me souviens de ce patient qui était, disait-il « addict au sexe » (en fait un voyeur qui filmait sous les jupes des femmes dans le métro) et qui, à ce titre, demandait à être soigné. Ayant eu affaire à la police, il cherchait à se faire passer pour malade afin de bénéficier de la clémence de la justice.

Je ne suis pas favorable à l'extension à l'infini de la notion d'addiction, qui finira par y abandonner toute pertinence. Quand tout le monde sera peu ou prou addict (au travail, au sexe, au chocolat, au jogging), il deviendra compliqué de distinguer ceux qui ont vraiment besoin d'aide.

7

Ne dites plus « maladie mentale », dites « trouble psy »

1984 : Pas question d'aller voir un psy, je ne suis pas folle tout de même !

2024 : J'aurais besoin de voir un psy, mais je n'en trouve pas…

Entre 1984 et 2024, le paysage du soin psy s'est transformé, moins sous l'effet du progrès des connaissances scientifiques concernant le fonctionnement du cerveau que du fait des évolutions de l'offre et des besoins.

En 2020, derniers chiffres disponibles, la psychiatrie est avec 14 % des dépenses le premier poste de l'Assurance Maladie si l'on regroupe la prise en charge des maladies psychiatriques et les traitements par médicaments psychotropes. Plus de 8,4 millions de personnes ont été prises en charge pour une pathologie ou un traitement chronique en lien avec la santé mentale[1].

Le soin psy n'a jamais été le domaine réservé des spécialistes. La majorité des prescriptions de psychotropes (anxiolytiques, antidépresseurs, hypnotiques) est depuis bien longtemps le fait des médecins généralistes. Les troubles dépressifs sont parmi les motifs de consultation les plus fréquents en médecine de ville. Il existe en France de nombreux psychothérapeutes sans formation ni titre reconnu, dont les plaques ornent les murs de nos villes : aromathérapeute, écopsychologue, tantrathérapeute, réflexologue et j'en passe…

La façon même de nommer les divers dysfonctionnements de la vie psychique a changé. En 1984, on parlait facilement de « maladie mentale », aujourd'hui, on préférera le terme de « troubles », jugé moins stigmatisant. La notion de troubles privilégie le vécu subjectif de la personne qui souffre comme de son entourage, tandis que celle de maladie fait appel à un savoir médical, à un diagnostic reposant sur des critères objectifs et *a priori* porté par un professionnel.

Le soin psy se décline en un large éventail de propositions, qui couvrent une gamme de besoins étendue, de l'anxiété diffuse à la crise psychotique aiguë, de l'adolescent suicidaire à la personne âgée souffrant de la maladie d'Alzheimer. L'immense majorité des patients psychiatriques n'aura jamais recours à l'hospitalisation. En 2020, 2 millions de patients ont été suivis en psychiatrie ambulatoire, tandis que seuls 390 000 d'entre eux ont été hospitalisés à temps plein ou à temps partiel[2], nombre qui a doublé en vingt ans.

Certains changements sont intervenus ces dernières quarante années sur la façon de soigner les maladies mentales devenues de nos jours « troubles psys ». En 2024, aller chez le psy n'est plus réservé aux fous, les Français ont massivement, au cours de l'épidémie de Covid-19, pris conscience qu'ils pouvaient avoir besoin des compétences d'un spécialiste pour des problèmes que jadis on traitait avec l'aide de son pharmacien ou de son médecin de famille : anxiété, insomnie, dépression…

Les Français sont parmi les plus gros consommateurs de psychotropes du monde. C'était déjà vrai en 1984, ça l'est encore aujourd'hui, mais la nature des médicaments prescrits et des populations concernées n'est plus tout à fait la même. Les techniques psychothérapeutiques se sont diversifiées, et l'hôpital a perdu de sa centralité dans le dispositif de soins. Enfin, si d'importants progrès scientifiques ont été accomplis ces dernières années dans la compréhension du fonctionnement du cerveau ainsi que de la cause de certaines pathologies psys, leur impact sur la façon de soigner reste faible : un fossé subsiste entre les laboratoires de recherche et le cabinet du psy.

1984-2024 : extension de la demande

De 1985 à 1991, j'ai exercé dans des services dits « de psychiatrie générale », en Picardie puis à Paris. Chacun de ces services desservait un territoire comptant environ 70 000 habitants, nommé « secteur » qu'il avait pour mission d'accueillir et de soigner. L'immense majorité des patients que nous recevions présentaient des pathologies psychiatriques avérées : psychoses schizophréniques ou paranoïaques, psychoses maniaco-dépressives, dépressions, démences... Ils avaient besoin d'un suivi au long cours, parfois d'une hospitalisation pour un épisode aigu, une interruption de traitement, une menace suicidaire.

En Picardie, bien que notre service soit administrativement rattaché à l'hôpital général de la ville, nous étions à part. Nous disposions de locaux situés à deux kilomètres de l'hôpital et quand un de nos patients avait besoin d'être hospitalisé, nous avions recours à l'hôpital psychiatrique d'Amiens, à une heure de route.

Les frontières étaient claires : le somatique ne se mélangeait pas avec le psy, les malades mentaux ne se confondaient pas avec le reste de la population.

Peu à peu, j'ai vu arriver dans les consultations des demandes nouvelles. Je ne peux pas dater avec précision cette évolution, elle s'est faite insensiblement au fil des ans, pour devenir une évidence à partir des années 2000. Aux côtés des patients « classiques », cela donnait :

> « Je suis angoissé, j'ai peur de l'avenir. Pouvez-vous m'aider ? »

Ou alors :

> « On se dispute beaucoup avec mon mari. Une amie m'a conseillé de voir un psy. »

Ou encore :

> « Depuis quelque temps, je dors mal. Je n'aime pas trop les somnifères, auriez-vous autre chose à me proposer ? »

Dans un rapport de 2019[3], l'IGAS (Inspection générale des affaires sociales) s'intéresse à ces évolutions qualitatives et quantitatives des consultations en CMP (Centres médico-psychologiques, qui sont les centres de consultation du service public de psychiatrie). « En 2017, le nombre de patients pris en charge par le secteur de psychiatrie avoisine les deux millions (ce nombre étant estimé aux environs de 700 000 en 1989). Entre 1989 et 2017, le dispositif ambulatoire a accueilli un million de patients supplémentaires (passant de 560 000 à 1 630 000) dont une partie importante a fait l'objet d'une prise en charge au sein des CMP (qui concentrent la majorité des actes)[4]. »

Plus loin, les rapporteurs s'interrogent sur les raisons de cette augmentation impressionnante de la demande de soins psy : « Les besoins et la manière de les exprimer ont changé dans les dernières décennies. À côté des publics traditionnels du secteur psychiatrique (profils chroniques et complexes, avec des épisodes récurrents et présence d'éléments de sévérité limitant plus ou moins fortement les compétences sociales et les capacités fonctionnelles) ont émergé des files actives de patients consultant pour des troubles psychiatriques moins sévères, voire pour des souffrances psychiques à forte composante psychosociale et/ou liée aux aléas de la vie. Une part de ces patients se caractérisent par une symptomatologie diffuse et transitoire allant du mal-être existentiel au tableau de détresse psychologique aiguë. Le plus souvent, ils présentent des troubles anxieux et/ou dépressifs légers à modérés sans retentissement majeur sur leur fonctionnement. L'émergence de cette patientèle s'observe dans un contexte marqué par la précarisation socio-économique, l'évolution des structures familiales, les migrations, le vieillissement de la population, la pression performative au travail et la tendance à la médicalisation des difficultés existentielles. S'ils sont plus nombreux que les publics traditionnels évoqués plus haut, leur prise en charge mobilise en revanche moins de temps et de ressources[5]. »

Tous les facteurs évoqués ci-dessus sont à l'œuvre pour expliquer que, comme tous mes confrères, j'ai vu arriver dans mon cabinet des patients qui jadis ne seraient jamais venus. À partir de 2020, l'épidémie de Covid-19 a encore accru le nombre de ces nouvelles demandes « à forte composante psychosociale ». Le stress lié à la maladie et au confinement a généré une recrudescence de troubles anxio-dépressifs, notamment chez les plus jeunes, les femmes et les personnes en situation de précarité. On a évoqué ce que les médias ont appelé la « troisième vague psy » de l'épidémie. La période de la pandémie a permis de porter au grand jour la question de la santé mentale qui est enfin sortie de la marginalité et de la stigmatisation, j'y reviendrai. Avec pour effet une nette augmentation des troubles psys ressentis et des demandes de soin…

L'impression est que l'offre n'a pas suivi. « Consultation chez le psy : une hausse de 50 % chez les jeunes mais des délais d'attente toujours plus longs », lit-on dans le magazine *ELLE* en date du 12 octobre 2023. Ce constat se fonde sur diverses études menées par la plate-forme Doctolib et la Fondation Fondamental, qui retrouvent des délais d'attente multipliés par deux ou trois selon les régions pour consulter un psychiatre ou un psychologue. En 2024, on compte pourtant en France plus de 15 000 psychiatres et près de 80 000 psychologues, nombre qui a doublé en dix ans. Ces chiffres nous situent dans une bonne moyenne si on se compare aux autres pays de l'Union européenne. Nous avons donc, en théorie du moins, suffisamment de psys pour faire face aux nouveaux besoins. En 2023, inquiète de l'augmentation des troubles psys chez les enfants et les adolescents à la suite de l'épidémie de Covid-19 et devant l'insuffisance d'une offre adaptée, la Cour des comptes se penche sur l'organisation de la pédopsychiatrie en France[6]. La Cour souligne que les moyens dont ce secteur dispose sont insuffisants et inégalement répartis sur le territoire, mais surtout que son organisation est inadaptée aux besoins. C'est tout aussi vrai pour la prise en charge des adultes.

À partir du moment où la demande psy s'élargit et se diversifie, l'offre devrait suivre le même chemin : augmentation du nombre de professionnels et diversification de leurs compétences en fonction des demandes. Fort de ce constat, au décours de l'épidémie de Covid-19, le gouvernement a mis en place le dispositif « Mon parcours psy » qui devait permettre précisément à toutes ces personnes qui vont mal sans avoir forcément de troubles nécessitant des soins psychiatriques de consulter un psychologue pris en charge par l'Assurance Maladie. C'était sans nul doute une bonne idée, mais dont la réalisation méconnaissait les spécificités de l'exercice concret du métier de psychologue. Le dispositif propose qu'après une consultation chez le médecin traitant, le patient puisse bénéficier d'une séance d'évaluation chez un psychologue suivie de 7 séances de suivi psychologique remboursé. Ce dispositif s'est d'emblée heurté à l'opposition de la majorité des psychologues : séances insuffisamment rémunérées (40 euros pour l'évaluation et 30 euros pour les suivantes, sans possibilité de dépassement), refus d'être soumis à l'indication par un médecin traitant, et contestation sur le caractère prédéterminé du nombre de séances. Il a été boudé par la majorité des psychologues, seuls 7 % d'entre eux ont adhéré à ce dispositif. À l'heure où j'écris (avril 2024), le gouvernement, conscient de l'échec du dispositif, envisage de le modifier en augmentant les rémunérations des psychologues et le nombre des séances prévues et en supprimant l'indication par le médecin traitant.

Un système de ce type, mais conçu de telle sorte qu'il puisse raisonnablement trouver l'adhésion d'un grand nombre de psychologues diplômés, libérerait des psychiatres pour qu'ils prennent en charge les pathologies les plus sévères et permettrait à nombre de personnes en souffrance de trouver l'aide dont elles ont besoin, qu'elles trouvent aujourd'hui faute de mieux dans un recours souvent abusif aux médicaments psychotropes.

Psychotropes : toujours trop !

Quand j'ai étudié la psychiatrie, à la fin des années 1970 et au début des années 1980, nous apprenions surtout à repérer les différents symptômes et à les corréler à diverses entités pathologiques. Le traitement médicamenteux n'était guère central dans l'enseignement que nous recevions. Notre *Manuel de Psychiatrie* n'y consacrait que quelques pages en fin de chapitre. Si je me réfère par exemple à la schizophrénie, sur les 77 pages que compte le chapitre dédié à cette maladie, 10 seulement sont consacrées au traitement, et 3 aux méthodes « biologiques », qui incluent les électrochocs et les enveloppements humides, en vogue à l'époque aux côtés des traitements médicamenteux[7].

Comme la majorité de mes confrères, j'ai appris à prescrire sur le tas, et l'essentiel des informations que j'ai reçues une fois mes études terminées provenait des représentants des diverses firmes pharmaceutiques qui me rendaient régulièrement visite sur mon lieu de travail ainsi que des échanges entre confrères. Je lisais *Le Quotidien du médecin*, largement financé par les laboratoires, et parfois *Prescrire*, revue indépendante. Les patients étaient une autre source d'information :

> « On m'a parlé d'un nouvel antidépresseur, je vais vous le prescrire et vous me direz comme ça se passe… »

Ou bien, à l'inverse :

> « Docteur, ma belle-sœur prend un nouvel anxiolytique qui a l'air de très bien lui réussir. Vous connaissez le… ? »

Je prescrivais de façon empirique, j'essayais les nouveaux médicaments proposés par les firmes pharmaceutiques, je gardais ceux qui semblaient marcher sans trop d'effets secondaires gênants, j'éliminais les autres. En y repensant aujourd'hui, je suis frappée de l'absence de rigueur de cette façon de procéder, qui ne semblait pourtant pas donner de si mauvais résultats pourvu que l'on respecte les contraintes techniques inhérentes à la prescription de chaque molécule (indications, contre-indications, posologie).

Je n'étais pas hostile par principe à la prescription de médicaments psychotropes. Pour certaines pathologies, en particulier les psychoses délirantes ou les dépressions, j'étais convaincue, et je le reste, de la nécessité d'un traitement médicamenteux aux côtés de la psychothérapie et d'un accompagnement social et familial. Pour qu'un médicament soit utile, il faut qu'il soit prescrit à bon escient. Il faut aussi que le patient l'accepte, et dans le domaine de la psychiatrie, obtenir l'adhésion au traitement n'est pas toujours chose aisée.

Les problèmes liés au mésusage et aux abus des médicaments psychotropes ne sont pas nouveaux. Dans les années 1980, on pouvait encore se procurer sur ordonnance des amphétamines prescrites pour leur effet coupe-faim mais qui étaient détournées pour leurs effets psychostimulants. Les barbituriques encore fréquemment utilisés à la même époque pour des troubles du sommeil se sont avérés hautement addictogènes et ont laissé la place aux benzodiazépines, dont le potentiel addictif n'a été découvert que quelques années plus tard. Si certains médicaments, comme les antidépresseurs, sont considérés comme à faible potentiel de dépendance, j'ai souvent vu des patients qui, sans avoir jamais été atteints de la moindre dépression, en consommaient sur prescription médicale depuis des années et n'imaginaient pas s'en passer. Les tentatives de sevrage généraient des troubles tels qu'ils préféraient y renoncer.

L'idée que les Français sont les champions de la consommation de psychotropes méritait d'être vérifiée et qu'on tente d'en comprendre les raisons. Partant du constat que « si l'on en juge par la consommation de psychotropes, l'une des plus importantes d'Europe, la fréquence des troubles psychiques constitue un problème majeur de santé publique de notre pays », Simone Veil, ministre des Affaires sociales de la Santé et de la Ville, et Philippe Douste-Blazy, ministre délégué à la Santé, chargent en 1996 le professeur de psychiatrie Edouard Zarifian d'une mission visant à « décrire la situation existante et identifier les questions de santé qui se posent en matière de prescription et d'utilisation de ces médicaments[8] ».

Le rapport établit qu'en 1995 les Français consomment trois fois plus de médicaments que les Anglais ou les Allemands. C'est vrai non seulement pour les psychotropes, mais aussi d'une manière générale pour toutes les autres classes de médicaments. Pour les psychotropes, le fait marquant au début des années 1990 est l'augmentation de la vente d'antidépresseurs de l'ordre de 10 % de 1990 à 1994. On consomme d'autant plus de psychotropes que l'on est en situation de pauvreté ou de précarité, que l'on est une femme, que l'on vit seul, que l'on est au chômage. Diverses études convergent pour souligner qu'en France, et ce depuis les années 1980, la France surconsomme surtout des anxiolytiques et des hypnotiques. Le rapport cite une lettre du Dr Detilleux, représentant du Conseil de l'ordre des médecins qui s'inquiète dès 1984 que la consommation de benzodiazépines soit devenue un « véritable problème de société » et qui relève que « c'est l'extrême banalisation comme anxiolytique des benzodiazépines qui paraît la plus préoccupante. On peut voir là le reflet d'une conception quelque peu pervertie de ce qui constitue la trame de toute personnalité et de toute activité humaine. Le sentiment de tension, occasionnellement d'anxiété, est une composante de notre personnalité. En deçà d'un certain seuil, il contribue à notre activité, et même à nos "performances". On doit donc s'interroger sur le bien-fondé de l'intervention médicale, et plus précisément médicamenteuse, en réponse à des questions formulées le plus souvent en termes d'inconfort[9]. » Nous sommes en 1984.

En 2024 rien n'a changé : quête illusoire d'un bien-être absolu exempt de la moindre anxiété, réponse médicamenteuse à des questions existentielles sont toujours à l'œuvre. Sous l'effet de la crise sanitaire, la consommation d'anxiolytiques, d'hypnotiques et d'antidépresseurs, qui était à légèrement à la baisse à la fin des années 2010, s'est fortement accrue en 2021[10], témoignant d'une explosion d'états dépressifs et anxieux en lien avec l'épidémie de Covid-19, mais aussi d'un manque cruel de réponse autre que médicamenteuse. Ce n'est pas spécifique à la France, beaucoup d'autres pays ont observé à la même époque une recrudescence de l'usage des psychotropes. L'épidémie de Covid-19 a eu un fort impact psychologique lié à ses conséquences médicales, sociales et économiques, il n'est donc pas étonnant que la demande d'anxiolytiques ait explosé.

Et maintenant les enfants aussi...

Concernant les enfants et les adolescents, la situation est encore plus préoccupante. La prescription de psychotropes est devenue, en quelques années, la réponse quasi automatique à des situations qui auraient demandé une approche plus diversifiée.

En quarante ans, l'idée que prescrire des psychotropes à des enfants ne pose pas de problème particulier a fait son chemin. Dans les années 1980, on était plus prudent. D'une manière générale, on ne prescrivait des psychotropes à des enfants qu'en cas de pathologie psy avérée. Il arrivait que les parents d'un bébé qui refusait de dormir aient recours à un certain sirop en vente libre en pharmacie, mais la tendance était à la prudence. L'interdiction de consommer de l'alcool et du tabac pendant la grossesse, ainsi que la plupart des médicaments, progresse à partir des années 1960. Dans un article intitulé « Maternité – Grossesse : des interdits en pleine croissance », le journal *Libération* fait en 2017 un point éclairant sur l'évolution des recommandations de Laurence Pernoud, auteure en 1956 du best-seller *J'attends un enfant*, à travers les éditions successives de cet ouvrage[11]. Autorisés en 1960, tolérés jusqu'aux années 2000, l'alcool et le tabac sont radicalement proscrits de nos jours, l'idée étant que la mère doit tout faire pour préserver la santé de son enfant à naître. Le contraste entre le caractère drastique et culpabilisant pour les femmes enceintes de ces consignes et la facilité déconcertante avec laquelle certains médecins, souvent à la demande des parents, prescrivent à des enfants parfois très jeunes des substances qui modifient le fonctionnement du cerveau est saisissant.

Un rapport du HCFEA (Haut Conseil de la famille, de l'enfance et de l'âge) paru en mars 2023 montre que « entre 2010 et 2021, la prévalence de consommation en population pédiatrique a augmenté de 35 % pour les hypnotiques et les anxiolytiques, de 179 % pour les antidépresseurs, de 118 % pour les antipsychotiques et de 148 % pour les psychostimulants[12] ».

Le Covid est passé par là, mais pas seulement, puisque l'augmentation des prescriptions s'observe dès les années

2010. Il s'agit bien d'un changement profond dans l'approche des troubles des enfants et des adolescents. Moindre tolérance des familles et de l'école, offre de soins spécialisés largement insuffisante, changement de conception sur la genèse et la nature des troubles psys contribuent à ce résultat qui inquiète à juste titre. Quand je soignais des toxicomanes, j'avais remarqué que certains d'entre eux considéraient que seule une substance chimique pouvait leur permettre de soulager leurs difficultés existentielles. En cela, ils pouvaient être sans le vouloir proches de leurs parents, souvent forts consommateurs d'alcool pour les pères et de médicaments pour les mères. Prescrire des psychotropes à des enfants ou des adolescents comme seule réponse à leurs difficultés existentielles est dangereux, non seulement au moment où ces prescriptions adviennent, mais pour l'avenir. Et ce danger ne porte pas seulement sur d'éventuelles modifications irréversibles de leur fonctionnement cérébral, il touche à la construction de leur rapport au monde, où toute angoisse, toute difficulté doit être immédiatement neutralisée à l'aide d'un produit chimique.

1980 : le début de la fin de la psychanalyse

En 1980, la psychanalyse règne sans partage sur la formation et la pratique des psychiatres et psychologues. Elle détermine non seulement la pratique de la psychothérapie, mais plus profondément la conception même du fonctionnement du psychisme et du sens des diverses manifestations pathologiques. Pour Freud, tout symptôme a nécessairement un sens, qui est à rechercher du côté d'un compromis résultant d'un conflit entre le désir et son interdit. Il ne saurait être question de s'attaquer frontalement aux divers symptômes sans chercher ce qu'il y a derrière, sans comprendre à quels mécanismes intimes il correspond. Bien sûr, même en 1980, ce principe n'est pas toujours respecté. En particulier, s'agissant des patients agités, délirants ou sévèrement déprimés, il n'est pas question de les priver du bénéfice de traitements dits « symptomatiques » : neuroleptiques antidélirants ou sédatifs, antidépresseurs, anxiolytiques. Mais lors des réunions d'équipe, beaucoup de temps et d'énergie sont consacrés à rechercher le sens de tel propos délirant ou d'un épisode d'agitation.

Peu à peu, à partir des années 1980, d'autres modèles, souvent importés des États-Unis, sont sortis de la marginalité dans laquelle ils étaient tenus en France. Il est alors classique d'opposer l'approche « européenne », supposée intellectuellement raffinée et respectueuse de l'orthodoxie freudienne à l'« américaine », certes moins subtile, mais plus pragmatique et soucieuse d'efficacité.

C'est ainsi que, comme certains de mes confrères, j'ai commencé à m'intéresser à des approches qui n'étaient pas dérivées de la psychanalyse. Pour moi, ce fut l'approche systémique, l'idée étant de travailler non plus sur ce qui se passe à l'intérieur du psychisme d'une personne donnée, mais dans l'interaction avec son environnement, le plus souvent sa famille.

J'ai été heurtée par la façon dont la psychanalyse a pu, en France, devenir une idéologie, rejetant toute autre approche comme hérétique, et ne se souciant guère d'efficacité, puisqu'il ne s'agit que de vérité… J'ai donc essayé de garder vis-à-vis du modèle systémique une attitude distanciée, et surtout de conserver l'esprit ouvert aux autres approches qui ont gagné progressivement la France ces dernières années.

En règle générale, les patients ne s'intéressent guère aux débats théoriques qui animent les professionnels. Mais ils lisent des magazines, ils regardent la télévision, et depuis quelques années, ils naviguent sur Internet. Le choix de tel ou tel modèle de psychothérapie relève bien souvent du hasard de la rencontre entre un patient et un psy. À juste titre, la majorité des patients s'intéresse à la qualité de la relation nouée avec le thérapeute plutôt qu'à la théorie à laquelle il se réfère. Toutefois, au fil des ans, j'ai vu apparaître dans les consultations des patients « informés » qui m'interrogeaient en ces termes :

« Que pensez-vous de l'EMDR ? »

Ou bien :

« On m'a parlé de l'hypnose pour arrêter de fumer... Vous pensez que ça marche ? »

« Connaissez-vous l'iridologie ? »

« Et la psychogénéalogie ? »

Je ne voulais pas me montrer trop sévère envers des pratiques thérapeutiques dont certaines m'inspiraient des réserves ou dont parfois j'ignorais tout.

« Je ne connais pas bien, mais pourquoi pas ? Vous savez, dans notre métier, il n'y a aucune thérapie qui marche à 100 %, et sans doute aucune qui ne fonctionne jamais. Alors, si ça n'est pas trop cher et qu'il n'y a pas de danger, vous pouvez toujours essayer... »

La question de l'évaluation des résultats des différents modèles de psychothérapie (on en compterait plusieurs centaines) est complexe[13]. En 2024, les patients recherchent, sans doute plus qu'auparavant, des thérapies qui ne durent pas trop longtemps et qui soient efficaces. L'efficacité recherchée concerne les symptômes dont ils souffrent et dont ils veulent être soulagés aussi rapidement que possible. Pour autant, l'aspect « relation humaine » qui est au cœur de toute thérapie ne peut pas être totalement gommé, dans un monde où la solitude fait souffrir beaucoup de gens. J'ai ainsi eu plusieurs fois ce type d'échange :

> « Je pense que maintenant ça va beaucoup mieux. Nous pouvons peut-être arrêter de nous voir ?
> – Oh non, docteur ! Je ne parle à personne. Alors si je cesse de venir, avec qui je vais pouvoir discuter de mes problèmes ? Qui va encore s'intéresser à moi ? »

La solitude, mais aussi le peu de disponibilité d'autres professionnels, en particulier les médecins traitants qui sont débordés et n'ont plus le temps d'échanger un peu longuement avec leurs patients, expliquent en partie l'explosion actuelle de la demande psy qui est une demande de soin, mais aussi d'une relation avec une personne disponible et à l'écoute. C'est pourquoi je suis réservée sur les thérapies par téléphone ou en visioconférence en vogue actuellement. Bien sûr, c'est mieux que rien, mais cela ne remplacera jamais une rencontre effective entre deux personnes qui sont ensemble un temps donné dans un même lieu : la chaleur d'une poignée de mains, un parfum, se pencher vers l'autre… tous ces messages non verbaux en disent souvent plus long que bien des discours et sont partie intégrante du processus thérapeutique.

1980-2020 : sortir les fous de l'hôpital...

Pendant mes études de psychiatrie, au début des années 1980, j'ai eu l'occasion d'exercer comme interne dans plusieurs institutions psychiatriques vénérables, toutes fondées au milieu du XIXe siècle. Depuis les années 1960 et la mise en place de la politique dite de secteur, chaque service se devait de créer, au côté des lits d'hôpital dont il disposait, des équipements implantés au plus près de la population. La politique de secteur a été initiée par une circulaire du 15 mars 1960 créant pour chaque « secteur », territoire comptant environ 70 000 habitants, un dispositif de soins extrahospitalier (dispensaires, équipes mobiles) aux côtés du traditionnel hôpital psychiatrique. À Paris, la plupart des hôpitaux psychiatriques, à l'exception de l'hôpital Sainte-Anne, étaient éloignés du lieu de vie des malades accueillis. C'est ainsi qu'en 1982, je suis nommée dans un établissement charmant, situé au fin fond de la vallée de Chevreuse au milieu des bois, qui accueille des malades habitant le 15e arrondissement de Paris. Inutile de préciser que dans ces conditions, leur permettre de recevoir des visites de la famille ou de se rendre en permission à leur domicile relève de l'exploit.

Dans cet hôpital, j'ai trouvé des patients (le plus souvent des femmes) qui étaient hospitalisés parfois depuis des dizaines d'années, qui avaient perdu tout lien avec l'extérieur, à qui l'hôpital tenait lieu de maison et l'équipe infirmière de famille. On se serait cru dans une maison de retraite avec quelques pensionnaires aux idées loufoques, mais en général tout à fait paisibles. L'objet du séjour, à durée indéterminée, n'était pas de remettre les malades sur pied et de les renvoyer chez eux, ce qui est classiquement le but d'un service hospitalier. Il s'agissait surtout que la vie s'écoule le plus paisiblement possible. De temps en temps un patient s'agitait, présentait une recrudescence délirante ou anxieuse. On réajustait le traitement médicamenteux et la vie reprenait son cours. Il y avait parfois « une entrée ». Une personne qui habitait dans le 15e arrondissement de Paris avait besoin d'un séjour à l'hôpital. Elle avait été reçue en consultation dans le dispensaire situé près de son domicile, et se retrouvait hospitalisée en pleine forêt à 30 kilomètres de chez elle ! Il s'agissait alors d'éviter que le séjour ne se prolonge trop, car la sortie pourrait s'avérer compliquée. Il y avait donc en quelque sorte deux cohortes de patients, les « chroniques » qui vivaient là à l'année, et les « aigus » qu'il fallait soigner activement afin qu'ils ne viennent pas grossir la cohorte des patients chroniques.

Jeune psychiatre, j'étais intéressée par le courant de désinstitutionalisation qui traversait alors la profession. L'idée était qu'il fallait limiter au maximum les séjours à temps plein dans les hôpitaux psychiatriques pour y substituer des prises en charge dans la cité : si les « fous » devaient être soignés, il n'était pas nécessaire de les enfermer pour ce faire. Les travaux du philosophe français Michel Foucault, du sociologue américain Erving Goffman (1922-1982) – auteur d'*Asiles* (1968), qui étudie la condition sociale des malades mentaux – et des antipsychiatres Ronald Laing et David Cooper montraient que soigner les malades mentaux par l'enfermement contribuait à renforcer leur aliénation. Ronald Laing (1927-1989) est un psychiatre sud-africain qui a fondé avec David Cooper (1931-1986) le courant « antipsychiatrique », l'idée étant que la maladie mentale est une réponse aux dysfonctionnements de la société. Selon eux, si on les traitait différemment, une partie de leurs symptômes disparaissait. En 1978, l'Italie avait promulgué la loi « Basaglia », du nom du psychiatre italien Franco Basaglia (1924-1980) qui a créé à Trieste un centre de santé mentale novateur et fait fermer le service de psychiatrie dans cette ville. Cette loi encadrait la fermeture de tous les hôpitaux psychiatriques du pays pour les remplacer par des structures légères diversifiées et intégrées dans la cité. On disposait, depuis la fin des années 1950, de médicaments antipsychotiques de plus en plus efficaces, l'enfermement n'était plus la seule option.

Cette approche, qui séduisait nombre de mes collègues, a trouvé en France au cours des années 1980 un écho bienveillant auprès des pouvoirs publics, autant pour des motifs idéologiques qu'économiques. Si l'asile du XIXe siècle ne coûtait pas bien cher, les médecins étant rares, les gardiens d'asiles peu rémunérés, certains pensionnaires pouvant travailler au sein de l'institution, la professionnalisation progressive de la prise en charge des malades mentaux à partir du milieu du XXe siècle se traduit par une augmentation de son coût. L'hôpital moderne, même psychiatrique, coûte cher, et fermer des lits génère de substantielles économies. C'est ainsi que le nombre de lits d'hospitalisation est passé de 120 000 en 1980 à 53 700 en 2020, tandis que dans le même temps la France gagnait 12 millions d'habitants.

Concrètement, les années 1980 sont celles de la progressive mise en place des structures dites « de secteur » – hôpitaux de jour, CMP, foyers de vie, appartements thérapeutiques... – conjointement à la fermeture de nombreux lits d'hospitalisation et à la restructuration des anciens hôpitaux psys. Jeune psychiatre, j'étais investie dans la prévention de la chronicisation des patients hospitalisés. L'idée était que les séjours soient les plus courts possibles et que le lien avec les familles soit conservé, seul moyen de pouvoir limiter au maximum l'impact négatif de l'hospitalisation. Jusqu'à la fin du XXe siècle, l'hôpital était le pivot, le centre (certes en déclin) de l'organisation du soin psychiatrique. C'est là que les psychiatres recevaient leur formation, c'était la solution quand un patient délirait, menaçait de se suicider : on l'hospitalisait pour le protéger et le soigner.

En 1980, quand l'état d'un patient semblait le nécessiter, c'était très facile de l'hospitaliser, le plus souvent possible en service libre, c'est-à-dire avec son accord. J'ai travaillé dans des services qui comptaient plus de cent lits, et j'ai vu progressivement ce nombre diminuer. Jusqu'aux années 2000, cette fermeture de lits psys était incontestablement un progrès. Les structures d'accueil et de soins se diversifiaient, le travail auprès des familles afin qu'elles ne rejettent pas celui qui présentait à un moment donné un épisode psychiatrique se développait.

2024 : enfermer à nouveau les fous ?

Il arrive souvent que ce qui, à un moment donné, est une solution devienne ultérieurement un problème. Ce d'autant plus que cette « solution » n'a pas été correctement mise en œuvre. En Italie, la fermeture définitive des asiles psychiatriques s'est accompagnée d'un réel investissement dans diverses structures dans la cité correspondant aux besoins des personnes souffrant de troubles mentaux. En France, les moyens financiers libérés par la fermeture des lits d'hôpitaux n'ont pas tous été, et de loin, consacrés à la création des structures nécessaires à l'intégration et au soin en ville des malades mentaux.

Manque de structures en amont de l'hospitalisation pour éviter autant que possible le recours à l'hôpital, manque de lieux où faire sortir après hospitalisation les patients stabilisés, pénurie d'infirmières dont la formation spécifique, différente de celles des autres infirmières, a été supprimée en 1992. Tout ceci aboutit à la situation actuelle, décrite en octobre 2023 dans un article de *Libération* sous le titre : « La fermeture de lits en psychiatrie, un problème national[14] ». Le journaliste propose un tour de France des conflits et problèmes liés à la pénurie de lits, du nord au sud, de l'est à l'ouest du pays, on retrouve partout la même situation : professionnels en grève, élus en émoi, crainte pour la sécurité des patients et des personnels...

Il y a quarante ans, la fermeture d'asiles souvent indignes s'accompagnait du développement d'alternatives à l'hospitalisation à travers des structures d'accueil et de soins diversifiées, hôpitaux de jour, ateliers, foyers, consultations. C'était sans conteste un progrès, pour les usagers et leur famille comme pour les professionnels. L'enfermement a cessé d'être considéré comme thérapeutique, de nombreux patients ont pu se maintenir dans leur famille, travailler, avoir une vie plus digne. En 2024, cette évolution est freinée par une absence criante de moyens ainsi que par l'aspiration croissante de la société à plus de sécurité. Il s'agit de « protéger les Français » en enfermant les malades psychiatriques susceptibles de commettre des crimes, d'incriminer les carences du suivi à chaque fois qu'un meurtre est commis par une personne connue pour ses troubles psychiatriques. L'idée que les fous sont potentiellement dangereux et que la solution est de les enfermer fait son retour, contre l'avis unanime des professionnels et des associations de familles de malades. En réponse au « ratage psychiatrique » évoqué par le ministre de l'Intérieur à la suite de l'agression commise à Paris en décembre 2023 par un homme connu et suivi pour des troubles psychiatriques, les psychiatres rappellent qu'on n'a jamais, en

France, autant hospitalisé sous contrainte pour des soins non consentis par le patient. Les comparaisons internationales montrent que le recours à la contrainte est en France l'un des plus élevé d'Europe[15]. Les malades mentaux ne sont pas en France plus dangereux qu'en Finlande, pays qui a le plus faible taux d'internement d'Europe. C'est la faiblesse des moyens permettant un suivi continu et adapté qui explique cette triste particularité française…

Les apports des neurosciences… n'ont rien changé

> « Est-ce que toutes les découvertes sur le fonctionnement du cerveau, toutes ces nouvelles méthodes d'investigation, ont changé votre façon de travailler ?
> – Finalement pas tellement… »

Les neurosciences ont accompli ces dernières décennies des avancées considérables, et pourtant je n'ai pas le sentiment que, d'une manière générale, ma façon de travailler en ait été affectée alors que j'ai vu la pratique de la médecine complètement bouleversée par les découvertes scientifiques qui ont pu trouver rapidement leur application en pratique courante. Il a fallu moins de dix-huit mois pour qu'un vaccin efficace contre le Covid-19 passe des laboratoires de recherche aux pharmacies de ville…

Dans le cabinet du psychiatre, comment comprendre que les apports de la science n'aient rien changé, ou si peu, depuis les années 1980 ?

Le seul changement notable qui pourrait impliquer les neurosciences concerne les médicaments : certains « classiques » des années 1980 ne sont plus utilisés, tandis que d'autres sont apparus. Il est plaisant de noter que les découvertes majeures concernant les psychotropes qui ont été faites au milieu du siècle dernier sont dues au hasard couplé aux capacités d'observation de certains cliniciens et ne reposent sur aucune hypothèse neurobiologique. L'effet sur l'humeur du lithium, l'effet antidélirant de la chlorpromazine ont été observés alors que ces molécules entraient dans la composition de substances utilisées l'une en rhumatologie, l'autre en anesthésie. Le premier antidépresseur, le Tofranil, a été découvert à l'occasion de recherches portant sur les effets antipsychotiques d'une modification de la formule de la chlorpromazine. L'IRM le plus puissant du monde, inauguré en France en avril 2024, permet d'observer la structure du cerveau à des niveaux de finesse jamais atteints. Les chercheurs espèrent que cela leur permettra enfin de comprendre pourquoi le lithium, utilisé avec succès depuis quatre-vingts ans, est efficace pour le traitement des troubles bipolaires.

La science a sans doute contribué à l'amélioration des traitements médicamenteux, mais dans une proportion qui reste modeste si on compare les psychotropes avec d'autres gammes de produits : traitements mieux tolérés, avec moins d'effets secondaires gênants, traitement retards permettant une meilleure observance. Pas une révolution...

Dans *Les Jardiniers de la Folie*[16], Edouard Zarifian avance une explication que je trouve pertinente pour comprendre pourquoi la recherche sur les psychotropes a tant de mal à innover. Depuis 1957, date de la classification des psychotropes par les Pr Delay et Deniker, les médicaments du cerveau sont classés en fonction de leur effet sur le tonus mental : psycholeptiques (anxiolytiques, antidélirants), psychoanaleptiques (stimulants, antidépresseurs), psychodysleptiques (perturbateur pouvant provoquer des délires, des hallucinations) auxquels se sont ajoutés ultérieurement les régulateurs de l'humeur (lithium). Le tonus mental, sur lequel agissent ces médicaments du cerveau, est essentiellement caractérisé par la vigilance et l'humeur, et ne suffit donc pas à définir le psychisme tout entier, qui implique la pensée, le langage, les sentiments, les émotions, la culture. Les médicaments du cerveau ne sont pas des médicaments de l'esprit. Pour le Pr Zarifian, c'est cette classification des médicaments, toujours en vigueur sous une forme ou sous une autre, qui impose un cadre simplificateur aux maladies mentales : l'anxiété est corrigée par les anxiolytiques, les délires par les neuroleptiques, la dépression par les antidépresseurs. À l'inverse, tout tableau clinique amélioré par un anxiolytique devient un trouble anxieux, si c'est un antidépresseur qui est efficace, c'est qu'il s'agit d'un syndrome dépressif.

Lorsqu'un nouveau médicament psychotrope est découvert par un chercheur, il doit forcément entrer dans une des catégories de la classification des psychotropes. « Celle-ci étant un dogme, il n'est pas imaginable de dire à un clinicien : "Testez cette nouvelle molécule, ce n'est ni un anxiolytique, ni un neuroleptique, ni un antidépresseur. À vous de trouver ses propriétés, comme au bon vieux temps des années cinquante" », écrit ainsi Zarifian.

« C'est pourquoi de grandes découvertes gisent très certainement dans les corbeilles à papier de l'industrie pharmaceutique et c'est pourquoi nombre de malades sans étiquette constituent les échecs des psychotropes d'aujourd'hui. Lorsque l'on contraint l'esprit humain dans les avenues rigides d'une classification simplificatrice et artificielle, on ne peut, de surcroît, lui demander d'innover ou, plus simplement, d'admettre la complexité de la réalité[17]. » On ne pourrait dire mieux.

La psychiatrie biologique porte une conception biologique de la souffrance psychique. Elle cherche des marqueurs (génétiques, neurobiologiques) permettant de fonder un diagnostic psychiatrique et d'ouvrir la voie à des nouveaux traitements. À ce jour, aucun marqueur, aucun test biologique n'est validé pour contribuer au diagnostic des troubles mentaux, et, comme je l'ai dit précédemment, aucun nouveau traitement n'a été découvert, en dépit de progrès importants en neurosciences comme en génétique.

Il n'est donc guère surprenant que, vu du cabinet du psy, les changements observés ces quarante dernières années ne soient pas dus à l'apport des neurosciences mais pour l'essentiel à des évolutions culturelles, sociales et sociétales. Mais l'appétence du public pour des hypothèses scientifiques non démontrées est de plus en plus grande, alimentée sans vergogne par tous ceux qui cherchent plus à faire du profit qu'à vraiment aider des personnes en souffrance.

Pourtant, aujourd'hui comme en 1980, il s'agit toujours d'accueillir une personne, d'essayer de comprendre avec elle d'où vient sa souffrance et comment elle se manifeste, de lui proposer une thérapeutique fondée sur la compréhension qu'un psy a de la nature de ses difficultés et comment les soulager en utilisant au mieux les moyens dont il dispose.

8.

Incestes, viols, pédophilie : victimes et agresseurs

1984 : J'ai dit à mes parents que je ne voulais plus aller chez mon grand-père, mais je n'ai pas osé leur dire pourquoi, j'avais trop honte…

2024 : Je crois que tous mes problèmes viennent des attouchements que j'ai subis quand j'étais enfant.

En 2024, nul ne peut ignorer en France qu'il existe des prédateurs sexuels, que leurs victimes n'ont bien souvent, des années durant, pas oser parler de ce qu'elles ont vécu, qu'elles ont été durablement traumatisées. Aucun milieu n'échappe à la levée de l'omerta : église, sport, hôpital, théâtre, cinéma, télévision, politique… Les victimes parlent, les agresseurs beaucoup moins, si ce n'est en général pour nier ou minimiser les faits qui leur sont reprochés. La notion même d'agression sexuelle a évolué : des comportements qui jadis étaient tolérés tels que les insultes, certains attouchements, le harcèlement sont aujourd'hui perçus comme inacceptables et éventuellement à l'origine de troubles psys.

Du côté des victimes

Dans les années 1980, les patients n'abordent pas facilement ces questions et ne font pas spontanément le lien entre les troubles qui les amènent à consulter et des événements souvent anciens. Il faut souvent des mois avant qu'incidemment le patient n'évoque un viol ou des conduites incestueuses répétées dont il a pu être victime. Les psychanalystes parleront de refoulement ou de déni, pourquoi pas. Quel que soit le mécanisme psychologique à l'œuvre, l'occultation des sévices subis est favorisée par une ambiance générale qui est à la tolérance envers les prédateurs et la culpabilisation des victimes. Il vaut mieux ne pas en parler.

> « J'ai été violé systématiquement par mon frère aîné pendant des années. Quand j'ai voulu en parler à mes parents, ils m'ont dit d'arrêter de faire des histoires. Alors je n'ai plus rien dit, et quand j'ai été plus grand et plus fort, j'ai menacé mon frère de lui casser la figure, il n'a plus jamais recommencé. »

> « À partir de l'âge de 6 ans, mon grand-père me forçait régulièrement à lui faire une fellation quand j'allais chez lui. Ma grand-mère faisait semblant de ne rien voir, mais je savais bien qu'elle était au courant. Une fois, je me suis brûlée exprès pour qu'ils me ramènent chez mes parents. Personne ne m'a demandé ce qui s'était passé. »

J'ai recueilli de nombreux récits de ce type. Ce qui était toujours impressionnant, c'est la solitude de la personne agressée que nul n'avait songé à protéger et la complicité plus ou moins active de l'entourage familial. Des années plus tard, quand la victime se risque à demander des comptes lors d'une réunion familiale, cela se passe presque toujours mal :

> « Tu dis n'importe quoi ! C'est ta psy qui t'a mis ces idées dans la tête ? Tu n'as pas honte de parler de ton grand-père comme ça ! Le pauvre, il est mort, il ne peut même plus se défendre... »

Ce qui permet au patient de vérifier qu'il est toujours sacrifié au nom de la cohésion familiale et que d'une certaine façon rien n'a changé. En 1998, le film *Festen* du Danois Thomas Vinterberg décrit avec talent une réunion de famille de ce type et le désastre qui en découle.

Je ne songe pas à faire des statistiques à partir de mon expérience personnelle, mais je reste frappée du nombre de patients que j'ai reçus et qui faisaient état d'antécédents d'agression sexuelle, le plus souvent dans le contexte familial. La question était alors de savoir quoi faire avec ces révélations.

> « Vous avez pensé à porter plainte ?
> – Non, de toute façon personne ne me croira. Et puis à quoi bon ? Ce qui est fait est fait. »

D'une façon générale, au moins jusqu'aux années 2000, l'inceste et le viol sont sous-estimés tant numériquement que pour ce qui est de leur retentissement sur le psychisme des victimes. En juin 2019, un dossier de Santé Publique France intitulé « Quelles données sur les violences sexuelles en France et quelle lecture en faire[1] ? » conclut ainsi : « Les données statistiques sur les violences sexuelles en

France demeurent relativement fragmentées et insuffisantes. Cependant, il est possible par le biais des enquêtes d'estimer la prévalence des violences sexuelles à entre 15 et 20 % des femmes adultes et pour les hommes de 3 à 6 % environ. (…) Plus de la moitié des violences sexuelles déclarées par les femmes et les deux tiers de celles déclarées par les hommes se produisent ou débutent avant 18 ans. De plus, les femmes continuent à subir ces violences à tous les âges de la vie, bien que dans des proportions moindres, alors que les hommes sont relativement protégés à l'âge adulte. (…) Les enquêtes ont également mis en évidence les liens étroits entre l'expérience des violences sexuelles et des problèmes de santé physique, mentale et sexuelle, bien qu'il faille se garder de généraliser : toutes les personnes ayant subi des violences ne sont pas affectées identiquement sur le plan sanitaire. Les données administratives montrent une propension croissante des victimes à porter plainte suite à des violences sexuelles. Cette augmentation des plaintes ne se répercute toutefois pas dans des proportions comparables au niveau des condamnations. »

Progressivement, à partir de 1980, la loi est venue aggraver les peines encourues par les violeurs, reconnaître le viol entre époux et allonger les délais de prescription. Pour autant, et cela reste valable aujourd'hui encore, dire ce dont on a été victime, dénoncer son agresseur, ne va toujours pas de soi. *A fortiori* quand on n'est ni comédienne ni journaliste ni écrivaine.

Travailler avec des personnes victimes de violences sexuelles n'est pas simple. Ça l'était encore moins dans les années 1980, où on ne parlait que rarement de ces questions sur la place publique. J'ai maintes fois souligné la nécessité pour le psy d'être à l'écoute et empathique tout en gardant une certaine distance envers les propos tenus par le patient : ce n'est pas parce qu'il dit ceci ou cela que c'est vrai, c'est juste ce qu'il a vécu. Les patients victimes d'agressions sexuelles, jusqu'à ces toutes dernières années, souffrent doublement : d'avoir été agressés, mais aussi bien souvent qu'on ne les croie pas ou qu'on ne veuille pas en entendre parler. Difficile alors pour le psy d'émettre le moindre doute sur la réalité des faits rapportés.

> « Je n'ai jamais pu en parler dans ma famille. Quand j'ai tenté d'évoquer avec ma mère ce que mon père faisait avec moi, elle m'a traitée de menteuse et de faiseuse d'histoires. Mais c'est vrai. Vous me croyez, docteur ?
>
> – C'est important pour vous que je croie ce que vous me dites ?
>
> – C'est fondamental. Si vous ne me croyez pas, vous ne pourrez pas m'aider.
>
> – Vous pouvez être tranquille. Nous allons travailler à partir de ce que vous avez vécu, qu'il n'est pas question pour moi de mettre en cause. »

Certains psys confondent tout : le fantasme inconscient et la violence réelle, la loi symbolique et la justice. « Quelque part », la femme violée, le jeune garçon victime d'inceste désirent leur agresseur… Dans une interview donnée en 1979 dans une revue féministe, Françoise Dolto avance que « dans l'inceste père-fille, la fille adore son père et est très contente de narguer sa mère[2] ».

Je crois que c'est le philosophe Michel Foucault qui faisait remarquer que la découverte par Freud du complexe d'Œdipe correspond à un renversement complet de la première perspective qui fut la sienne, quand il attribuait la cause de l'hystérie de ses patientes aux tentatives de séduction dont elles avaient été victimes de la part de leur père. Avec le complexe d'Œdipe, les pères peuvent se dire : ce n'est plus nous qui les désirons, ce sont elles qui nous désirent ! Ouf !

Ainsi, les adultes seraient victimes des manœuvres de séduction des enfants et des adolescents, et les violeurs des femmes qui les provoquent. Le roman *Lolita*[3] de Vladimir Nabokov est la confession d'un homme de 42 ans, Humbert Humbert, qui a un désir obsessionnel pour la fille de sa femme, âgée de 12 ans. Il la décrit sous les traits d'une jeune fille séductrice, mais c'est clairement un prédateur sexuel qui prend ses fantasmes pour la réalité. Le documentaire *Lolita, méprise sur un fantasme*[4] décrit les mécanismes qui ont amené à faire de Lolita une icône érotique et d'Humbert Humbert sa victime, alors que l'intention de l'auteur était de décrire la noirceur d'âme et de comportement d'un pédophile et les souffrances de sa proie. Interrogé en 1975, Nabokov précise : « Lolita n'est pas une jeune fille perverse, c'est une pauvre enfant que l'on débauche, dont les sens ne s'éveillent jamais sous les caresses de l'immonde monsieur Humbert[5]. » Le contresens sur le livre de Nabokov, qui fait de Lolita une séductrice et de Humbert une victime, correspond bien à l'état d'esprit qui a régné dans notre société jusqu'à ces toutes dernières années, relativement compréhensive avec les agresseurs sexuels et suspicieuse envers les victimes.

L'agression sexuelle, d'autant plus qu'elle est perpétrée par un proche aimé de la victime, est source de grande confusion. Le rôle du psy est de mettre un peu d'ordre dans la tête du patient et de l'aider à se déprendre des sentiments tels que la honte et la culpabilité. J'ai apprécié que parmi les victimes d'agressions sexuelles qui prennent publiquement la parole ces derniers temps, il s'en trouve un grand nombre pour évoquer le rôle bénéfique de leur psychothérapie qui les a aidées à trouver le courage de parler publiquement de ce qu'elles ont vécu et d'affronter leur agresseur.

Il y a une distinction fondamentale, que tout psy qui se respecte doit être capable d'opérer, entre les fantasmes et la réalité. Si rien n'interdit, dans l'espace qui est celui du cabinet du psy, d'évoquer des désirs fussent-ils coupables, tout récit d'agression mérite qu'on s'y arrête. Je ne suis pas de ces psys qui savent au premier coup d'œil si leur patient dit vrai, et d'une certaine façon ce n'est pas le sujet.

Je reçois, à la fin des années 1980, des parents accompagnés de leur fille âgée de 14 ans. C'est la mère qui prend la parole :

> « Docteur, c'est affreux. Ma fille accuse son père de l'avoir violée. Ce n'est pas vrai ! Dites-lui qu'elle ne peut pas dire des choses aussi horribles. Il faut qu'elle avoue qu'elle a menti ! »

Les deux parents sont assis côte à côte, la fille un peu à l'écart. Je m'adresse à elle :

> « Pouvez-vous m'expliquer ce qui se passe ?
> – Mon père est un salaud. Ça fait des années qu'il me reluque quand je prends ma douche. Et la semaine dernière, il a été plus loin. »

Le père s'agite :

> « Ce n'est pas vrai. Quelle menteuse ! Je n'ai rien fait. Vous qui êtes psychiatre, vous devez bien vous rendre compte de la situation. Il faut la faire hospitaliser, elle délire ! »

La discussion se poursuit, sans que je parvienne à comprendre ce qui se passe, si ce n'est qu'il y a une jeune fille en souffrance, qui à l'évidence n'est pas délirante, et des parents coalisés contre elle. Impossible de se détacher de la demande explicite qui est que je tranche entre les parents et leur fille : qui ment, qui dit la vérité. Je ne peux bien sûr pas répondre à la question ainsi posée, et j'échoue à la reformuler différemment. Une autre préoccupation est que, si la jeune fille dit vrai, elle est en danger.

> « Je ne peux pas savoir qui dit vrai et qui ment. Je vais faire un signalement au procureur de la République, et il y aura une enquête. C'est à la justice de trancher, pas à moi. Mais je reste à votre disposition si vous souhaitez réfléchir à ce qui se passe dans votre famille. »

Je n'ai jamais revu cette famille, mais j'ai su que l'enquête n'avait pas permis de prouver la réalité d'une agression sexuelle. La jeune fille a été placée en internat.

Cette situation m'a laissée perplexe. Mon rôle de psy n'est pas d'arbitrer entre deux versions d'une même histoire. De plus, je crois profondément qu'en thérapie, nous n'avons accès qu'à des récits construits à partir de la réalité et non à la réalité brute. Mais quand même... je n'ai pu m'empêcher de me poser la question, que je sais pourtant non pertinente dans le domaine qui est le mien, de savoir qui dit vrai.

Dans le documentaire *Outreau, un cauchemar français*[6], on voit une spécialiste de la psychologie des enfants, commise comme experte lors du premier procès, affirmer sans le moindre doute que les enfants qu'elle a rencontrés disent la vérité. Elle a, dit-elle, les compétences qui lui permettent d'en être sûre. Malheureusement, il a été établi depuis que les enfants dont elle parle ont menti et que ceux qu'ils accusaient d'agressions sexuelles étaient innocents. Je peux dire si une personne est délirante ou mythomane, mes compétences de psychiatre m'y autorisent, mais d'ici à distinguer le mensonge de la vérité, il y a un pas qu'il est imprudent de franchir.

Dans la situation de cette jeune fille accusant son père, j'étais envahie par le doute et perturbée par cette question de la vérité à laquelle je ne trouvais pas de réponse satisfaisante. Il arrive que ce soit le patient lui-même qui doute.

En 2010, je reçois en consultation pour des problèmes d'addiction un jeune musicien. D'emblée, il fait le lien entre son alcoolisme et le doute qui l'étreint :

> « C'est terrible. Je revois régulièrement une scène où je suis dans mon bain et mon père se livre sur moi à des attouchements. Mais je n'arrive pas à savoir si j'ai rêvé ou si ça s'est réellement passé. Pouvez-vous m'aider à connaître la vérité ?
>
> – Vous avez essayé d'en parler avec lui ?
>
> – Oui. Il dit que ce n'est pas vrai, que ça ne s'est jamais produit.
>
> – Et alors ?
>
> – Eh bien certains jours je pense que c'est vrai, d'autres fois je me dis que je dois être complètement pervers pour imaginer une chose pareille. Je n'en sors pas.
>
> – Vous avez pensé à porter plainte ? Il pourrait y avoir une enquête qui aiderait à établir la vérité.
>
> – Il n'en est pas question ! Vous imaginez mon père convoqué par la police ? Alors qu'il se peut qu'il n'ait rien fait… »

Posé ainsi, le problème de ce patient est sans solution. J'essaierai, sans grand succès il est vrai, de l'aider à se détacher de ce questionnement obsédant et d'accepter qu'il n'aura pas de réponse. Je rencontrai heureusement plus de succès dans la prise en charge de son addiction, mais de temps en temps le sujet de l'agression refaisait surface.

Ne pas avoir de certitude, travailler sur des hypothèses parfois invérifiables, gérer la relation complexe entre les fantasmes, la réalité, la justice, le droit à réparation pour les victimes, être empathique tout en gardant une certaine distance... C'est le lot quotidien de la plupart des psys. Dans le domaine des agressions sexuelles, le déni social est aujourd'hui fragilisé par l'explosion du mouvement *Me Too* et, pour ne parler que de la France, le succès d'ouvrages comme *Le Consentement* de Vanessa Springora[7], *La Familia Grande* de Camille Kouchner[8] ou *Triste Tigre* de Neige Sinno[9]. Une conséquence bénéfique est que la parole des victimes se libère et qu'en thérapie aussi les patients osent parler.

A contrario, et sans que cela ne vienne minorer les progrès accomplis ces dernières années, voir en tout patient un agressé sexuel qui s'ignore ne va pas sans poser quelques problèmes. Les États-Unis ont connu, durant les années 1980-1990, une véritable épidémie d'abus sexuels, abus détectés au cours de thérapies dites « de la mémoire retrouvée » fondées sur la recherche de souvenirs d'enfances refoulés. Des parents, souvent âgés, se sont retrouvés en prison pour des actes dont ils niaient la réalité, sur la base de souvenirs dont il a été ultérieurement montré qu'ils avaient été induits par le thérapeute qui raisonnait ainsi : l'inceste est extrêmement fréquent ; certains troubles comme l'anxiété, la dépression, les insomnies, les addictions sont des réactions différées à des abus sexuels subis dans l'enfance ; le refoulement des traumatismes est classique, c'est une manière inconsciente de se protéger ; mettre au jour des souvenirs refoulés fait partie du processus de guérison.

Aucune de ces affirmations n'est tout à fait fausse. C'est leur caractère systématique et la confusion entre corrélation et causalité qui rendent ce raisonnement plus que contestable.

C'est bien connu : on ne trouve que ce que l'on cherche. Si un psy est convaincu que l'inceste refoulé est la cause de tous les troubles psys rencontrés à l'âge adulte et qu'il utilise sans vergogne son influence sur le patient pour l'en convaincre, il ne s'agit plus de thérapie mais de suggestion voire de manipulation. C'est le monde à l'envers : ce n'est plus le psy qui écoute le patient, c'est le patient qui adopte les croyances de son psy…

J'ai suivi à la fin des années 1990 pour des problèmes de dépression une femme âgée d'une soixantaine d'années. Elle était divorcée d'un mari maniaco-dépressif (on ne disait pas encore bipolaire) et mère de trois enfants déjà adultes. L'un d'entre eux, un fils, suivait une thérapie avec une psy « spécialiste de l'inceste », qui l'avait convaincu, aux dires de ma patiente, que ses difficultés venaient d'un inceste subi de la part de sa mère dans sa toute petite enfance.

> « Il dit que, lors de ses séances de thérapie, il s'est souvenu que quand je le changeais, je jouais avec son sexe sous prétexte de lui mettre de la pommade. Sa psy dit que c'est une forme d'inceste. Si je ne l'admets pas, il ne veut plus me voir.
>
> – Que voulez-vous faire ?
>
> – Hors de question. Cette psy est folle !
>
> – Vous préférez ne plus voir votre fils ?
>
> – Oui. En espérant qu'un jour il recouvre sa lucidité et qu'on pourra retrouver les relations affectueuses qu'on avait jusqu'à ce qu'il rencontre cette psy. »

Cela ne s'est malheureusement pas produit, le garçon s'est suicidé sans avoir renoué avec sa mère. Celle-ci a terriblement souffert de cette rupture et de la fin tragique de son fils, dont elle tenait sa psy pour responsable. Il y avait dans cette famille beaucoup de souffrances et de difficultés que la thérapeute du fils n'a sans doute pas contribué à apaiser, sans qu'on puisse toutefois l'accuser de la mort de ce garçon. Nous ne sommes pas aux États-Unis, la mère n'a pas songé à faire un procès, je l'ai accompagnée du mieux que j'ai pu durant ces années difficiles.

Du côté des agresseurs

En 1985, je reçois en consultation un jeune homme d'environ 20 ans, qui est sous le coup d'une obligation de soins dans le cadre d'une mesure de libération conditionnelle. Il a été inculpé pour tentative de viol sur mineure, mais libéré avant son procès car il avait été agressé en prison et sérieusement blessé par d'autres détenus.

« Que vais-je pouvoir faire pour vous ?

– Je ne sais pas. C'est mon contrôleur judiciaire qui m'a dit que je devais venir vous voir.

– C'est exact. Mais je suis psychiatre. Pensez-vous que vous ayez des problèmes ?

– On m'a agressé en prison.

– Et pourquoi vous êtes-vous retrouvé en prison ?

– C'est parce que j'ai voulu l'embrasser. Mais ce n'est pas de ma faute. C'est une gamine de 12 ans, les parents ne devraient pas laisser sortir leur fille toute seule dans la rue. C'est elle qui m'a provoqué en se promenant toute seule à 6 heures du soir. C'est normal, nous les hommes, on a des pulsions... »

Ce jeune homme n'allait pas jusqu'à dire que l'enfant qu'il avait agressée le désirait inconsciemment, mais il ne se sentait absolument pas coupable. Et à l'époque, il n'était sans doute pas le seul : « Le fait de ne pas porter de soutien-gorge ou de porter des jeans moulants, de se parfumer, de se maquiller, est-il sans effet ? La femme qui s'habille ainsi porte, à mon avis, une part de responsabilité si elle est violée[10]. »

Le suivi des agresseurs sexuels est prévu par la loi, dans l'espoir louable de prévenir la récidive. Les rares contacts que j'ai pu avoir au cours de ma carrière avec ce type de patients m'ont confortée dans l'idée que ce n'est pas chose aisée. Car même si le psy doit se départir de tout jugement moral dans le cadre de son travail, c'est plus facile à dire qu'à faire.

En 2010, un patient, suivi pour un problème d'addiction, évoque au cours d'un entretien des comportements d'agression sexuelle à l'encontre de sa fille âgée de quelques mois. Il est de toute évidence inconscient de la gravité des faits qu'il relate.

> « J'étais mal, angoissé, défoncé. J'ai mis mon sexe contre la bouche de ma fille, ça m'a calmé.
>
> – À partir du moment où j'ai connaissance de tels faits, je dois les signaler au Procureur de la République. Votre fille doit être protégée, on ne peut pas vous laisser faire ce genre de choses.
>
> – Mais elle dormait ! Elle n'a rien senti. Et puis je n'ai fait ça que deux ou trois fois…
>
> – C'est complètement interdit. Et la loi est claire, je dois signaler les faits dont vous parlez. Le secret professionnel ne s'applique pas dans ce genre de situation. »

Ce jeune père était fragile, complètement irresponsable, plongé dans ses problèmes personnels. Mais tenter de comprendre n'est pas excuser, et le psy ne saurait se substituer à la justice. Chacun son travail, et le mien n'était certes pas de fermer les yeux sur des comportements passibles des tribunaux et mettant un enfant en danger. Ce n'est socialement pas admissible, ce n'est de plus pas rendre service à ce jeune homme qui doit apprendre à intégrer les interdits et les limites. J'ai quelques fois été amenée à faire un signalement à la justice, rarement dans le cadre de suspicion d'agression sexuelle sur mineur, et plus souvent pour négligences graves ou maltraitance envers des enfants. Cela suscitait toujours parmi les équipes avec lesquelles je travaillais des débats pour savoir si cela n'allait pas aggraver l'état de la personne dont nous signalions les agissements et qui se trouvait être notre patient. J'ai toujours défendu l'idée qu'il faut que la justice passe et j'ai observé que les patients s'en trouvaient le plus souvent apaisés.

Je ne sais pas s'il faut distinguer parmi les agresseurs ceux auxquels j'ai eu affaire qui étaient souvent de milieu modeste et un peu perdus des prédateurs qui profitent de leur position sociale pour littéralement en jouir aux dépens de plus faibles qu'eux. Il n'y a pas d'agression sans rapport de force. Tous ont en commun d'être complètement au mieux inconscients, au pire indifférents aux ravages que leur comportement occasionne chez leur victime. La loi doit se charger de le leur rappeler, la psychothérapie peut les aider à le comprendre et à modifier leur comportement.

2024 : attention au mélange des genres

J'ai dit clairement plus haut que les psys ne doivent pas tout confondre : un passage à l'acte n'est pas un fantasme, une victime, même séductrice, reste une victime, ce n'est pas au psy à dire la loi. J'ai écrit aussi qu'il peut exister des faux souvenirs, que tout n'est pas forcément vrai parce que c'est une femme ou un enfant qui accuse. On a vu les ravages de cette approche lors de l'affaire d'Outreau.

Chacun son métier. Les juges cherchent des preuves sur lesquelles fonder ce qu'il est convenu d'appeler la vérité judiciaire. Le système actuel est sans doute insatisfaisant, puisque plus de 90 % des plaintes déposées sont classées sans suite.

Le psy travaille avec le vécu, le ressenti. Il sort de son champ de compétences quand il en fait une vérité. Les victimes d'agression sexuelle demandent à être crues, et la légitimité de cette attente se fonde sur des années (des siècles) de complaisance envers les agresseurs et de déni des souffrances endurées par les victimes. Que la société, à travers sa justice, reconnaisse les préjudices subis et sanctionne l'agresseur peut être thérapeutique. C'est un parcours du combattant au résultat aléatoire, mais ce combat mérite d'être mené. Le psy doit être aux côtés de son (sa) patient(e), à l'écoute et n'imposant rien. En 2024, la question des agressions sexuelles est sortie de l'ombre, elle est perçue comme un véritable sujet de société. D'un côté des agresseurs, majoritairement des hommes, de l'autre des victimes, femmes, enfants, jeunes hommes. Tous ont besoin d'être aidés, mais dans la clarté : les uns pour cesser d'être des agresseurs, les autres pour passer du statut de victime honteuse à celui de sujet affrontant sans culpabilité celui qui leur a fait du mal et enfin demander justice.

9.

Violences dans le couple : la faute a changé de camp

1984 : Je dois avoir un problème, je tombe toujours sur des hommes violents.

2024 : Mon conjoint est un pervers narcissique.

En théorie, l'égalité femmes-hommes, le partage des tâches ménagères, la participation des pères à l'éducation des enfants ont largement progressé en France depuis le milieu du siècle dernier. En pratique, c'est moins vrai. Arrivée en Picardie au milieu des années 1980, j'ai découvert un monde où les rapports entre les hommes et les femmes étaient souvent foncièrement inégaux, parfois violents. Ce qui m'a étonnée, ce n'est pas que cela se produise. Les inégalités femmes-hommes et la violence conjugale se retrouvent partout, quelle que soit la situation socioculturelle des couples concernés. Ce qui m'a troublée, c'est que parmi les femmes que je recevais en consultation, nombreuses étaient celles qui trouvaient cette situation normale.

« Il me bat, il n'a pas le droit, on n'est pas mariés !
– Et si vous étiez mariés ?
– Alors là, docteur, ce ne serait pas pareil ! »

Ou encore :

« Il arrive à votre conjoint d'être violent ?
– Oh non ! bien sûr quand il a bu il peut me donner une claque ou deux. Mais c'est un bon mari et un bon père... »

« Hier il s'est énervé après moi. Il faut dire que je l'avais bien cherché, le dîner n'était pas prêt, j'étais restée trop longtemps devant la télé. »

Mon travail consiste à aider les personnes qui font appel à moi pour résoudre leurs problèmes tels qu'elles les vivent. Il ne s'agit surtout pas de définir « objectivement » des problèmes vécus comme tels par le professionnel mais qui n'en sont pas pour les patients. Même si mon métier n'est pas de dire le droit, il s'exerce dans un certain contexte juridique qu'il peut toutefois être opportun de rappeler. La loi concernant les violences conjugales a considérablement évolué depuis le début des années 1980, passant de « la préservation de l'institution familiale à la protection des membres de la famille[1] ». Rappeler que la violence entre conjoints est interdite et qu'elle peut entraîner des poursuites pénales n'est pas toujours inutile.

J'ai dû souvent me retenir de toute réaction critique quand certaines patientes parlaient de leur vie de couple et de la façon dont leur conjoint les traitait. L'écart entre ma conception des rapports femmes-hommes et celle de certaines femmes qui s'adressaient à moi était parfois abyssal, mais il ne devait pas faire obstacle à une prise en charge empathique. J'ai dû parfois faire des efforts... L'un des charmes de mon métier demeure qu'il m'a permis d'avoir accès à des conceptions du monde radicalement éloignées des miennes, portées par des personnes que j'ai pu trouver tout à fait sympathiques...

Les années 1980 : hommes violents, femmes battues

Un couple vient consulter sur l'injonction d'une assistante sociale. Monsieur a été violent avec madame, et cette assistante sociale lui a dit que s'il ne se soignait pas, il faudrait qu'il quitte le domicile conjugal. Ni monsieur ni au demeurant madame ne le souhaitent, mais la pression de l'entourage familial et surtout social est forte.

Monsieur se présente comme un costaud, bourru, pas très causant. Madame est fluette, plutôt diserte, elle porte sur le visage des traces d'ecchymoses récentes.

> « Il est nerveux, ce n'est pas de sa faute. Quand les enfants font du bruit, ça l'énerve et il me tape. J'essaye bien de dire aux enfants de rester tranquilles, mais c'est pas facile tous les jours.
>
> – Je comprends. Et vous, monsieur, qu'est-ce que vous pensez ?
>
> – C'est comme elle dit. Je rentre du boulot crevé, j'ai besoin de calme et elle n'est pas capable de dire aux enfants de faire moins de bruit. Alors ça m'énerve. »

La difficulté vient ici du fait que, d'une certaine façon, ce couple ne demande rien. C'est le monde extérieur qui s'émeut d'une situation jugée intolérable, madame présentant des marques sans lesquelles personne n'aurait eu à connaître ce qui se passe à l'intérieur de ce foyer. Monsieur et madame sont en quelque sorte d'accord pour décrire posément une situation que tous deux acceptent avec un certain fatalisme. Il est nerveux, donc il s'énerve, donc il la frappe. C'est logique.

En 1980, on ne portait pas le même regard qu'aujourd'hui sur les violences conjugales, et je pensais comme tout le monde à l'époque que la responsabilité de la situation était au minimum partagée. L'assistante sociale qui m'adressait ce couple était très fâchée contre madame, qui, disait-elle, accepte tout.

> « Vous comprenez, elle a une personnalité passive-agressive. On dirait que ça lui fait plaisir de se faire battre. D'une certaine façon, elle le provoque. »

Effectivement, lors de notre rencontre, j'avais trouvé madame assez kamikaze.

> « Je voudrais t'y voir avec les enfants. Quand tu leur cries dessus, ça les fait rire. Et je tiens à te dire devant le docteur que tu ne me fais pas peur. »

Je vois monsieur qui s'agite, manifestement vexé du peu de crainte qu'il inspire à son épouse comme à ses enfants. Et cela, circonstance aggravante, s'exprime devant un médecin de sexe féminin. Je me dis que si par malheur j'avais un mari violent et de surcroît costaud, j'éviterai de le provoquer de la sorte. Mais je garde mes pensées pour moi, ne voyant pas en quoi elles pourraient être utiles dans la situation.

Aussi choquant que cela puisse paraître, je ne vois dans ce type de couple ni bourreau ni victime mais deux personnes qui n'arrivent pas à ajuster leur relation d'une façon acceptable. L'usage de la force est évidemment moralement et légalement répréhensible, mais je note que madame dit clairement qu'elle ne songe pas à quitter monsieur.

« Sûrement pas ! Qu'est-ce que je deviendrais toute seule avec mes enfants ? Et puis vous savez docteur, ils sont tous pareils, alors... »

D'une certaine façon, leur problème vient du regard négatif que l'extérieur porte sur leur fonctionnement. Monsieur est mal jugé car violent, madame n'est guère mieux considérée car elle accepte passivement la situation, ou pire encore elle la provoque.

« Je suis sensible au lien très fort qui vous unit. Comment pouvons-nous faire pour qu'on vous laisse tranquilles ? C'est normal que l'école s'inquiète quand madame vient chercher ses enfants avec un œil au beurre noir, pouvez-vous m'aider à les rassurer ? »

Ils sont tous deux agréablement surpris, et nous pouvons alors réfléchir tranquillement à la façon dont ils pourraient mieux gérer leur vie familiale sans susciter d'intervention extérieure. Je ne sais pas si je dois regretter un type d'intervention qui peut paraître aujourd'hui contestable, car il renvoie dos à dos la victime et son bourreau. Comme psy, il s'agit de comprendre les mécanismes qui font qu'une situation *a priori* inacceptable se maintient dans la durée, pas forcément d'imposer, à supposer que cela soit possible, un mode de relation plus convenable selon les critères de l'époque.

Dans le même contexte, j'ai reçu à plusieurs reprises en consultation une femme âgée d'une quarantaine d'années qui là aussi m'était adressée par son assistante sociale. Son compagnon est violent. Il l'a tellement battue qu'elle s'est retrouvée à l'hôpital avec plusieurs fractures. À sa sortie de l'hôpital, on lui a proposé un hébergement dans un centre avec ses trois enfants pour la mettre à l'abri. Elle a accepté mais on a découvert qu'elle avait donné ses coordonnées à son compagnon, ce qui est interdit par le règlement du foyer. Il est venu faire du scandale et la menacer, elle est repartie avec lui et nous sommes très inquiets.

La femme que j'ai devant moi a le visage fermé, un surpoids important, une présentation négligée. Je lui demande ce qui lui arrive, elle décrit sa situation sans émotion manifeste.

> « J'étais seule avec les enfants. Mon compagnon actuel est un voisin qui a d'abord proposé de m'aider. Il coupait mon bois, il faisait un peu de bricolage dans la maison, il emmenait les enfants en promenade. Comme il était gentil, on s'est mis ensemble. Et là ça a commencé : les coups, les insultes. »

L'histoire de cette femme est d'un classicisme navrant : maltraitance dans l'enfance, puis une succession de compagnons violents. L'interprétation psy de la situation est simple : cette femme a une mauvaise image d'elle-même, qui vient de son enfance. Elle va répéter dans sa vie d'adulte ce qu'elle a connu enfant, et choisir inconsciemment des compagnons qui la confortent dans l'idée qu'elle ne peut être respectée par personne. Restaurer l'estime de soi chez une femme qui n'a jamais connu de relation un tant soit peu aimante semble une mission impossible, mais on peut toujours essayer.

Dans les années 1980, où se situe le cas rapporté ici, le regard porté par les psys et donc aussi par moi-même, sur les femmes battues n'était guère compatissant. L'idée était que « quelque part elles l'ont bien cherché ». Cette approche était confortée par le fait que bien souvent, elles mettaient en échec tout ce que les services sociaux (le plus souvent des femmes) leur proposaient pour les protéger. Si on arrivait à les séparer de leur conjoint violent, elles en retrouvaient un autre tout aussi dangereux. Ces femmes m'agaçaient bien souvent par leur passivité.

Aujourd'hui, un tel point de vue paraît choquant. Certes, nos choix de vie restent pour partie déterminés par notre enfance, et une enfance sans amour peut venir compliquer ultérieurement notre vie affective. Mais cela n'explique pas tout. Plusieurs approches s'efforçant de rendre compte des mêmes comportements sont proposées parmi lesquelles le syndrome de la femme battue (SFB) ou l'impuissance apprise. Le SFB se définit comme un état d'emprise lié à la répétition de violences physiques et psychiques, souvent exercées de façon continue pendant une longue durée. L'impuissance apprise est décrite comme un état psychologique s'exprimant par une attitude résignée ou passive, résultant d'un apprentissage dans lequel le sujet fait l'expérience de son absence de maîtrise sur les événements survenant dans son environnement. Dans les deux cas, l'accent est mis sur le rôle de l'environnement et d'un certain conditionnement expliquant la passivité de la victime. La notion d'emprise est ainsi souvent utilisée pour expliquer l'incapacité dans laquelle se trouve la victime de se dégager de ce qui pourtant la fait souffrir.

La femme battue n'est plus victime d'elle-même et de son histoire personnelle, elle est victime d'un homme (voire de plusieurs) qui a (ont) su nouer avec elle une relation toxique. Cette relation a modifié sa personnalité de telle sorte qu'elle présente les caractéristiques que j'ai pu observer chez la femme décrite plus haut : passivité, fatalisme, mauvaise estime de soi, incapacité à rompre avec son bourreau. Je me rends compte aujourd'hui que ce que j'avais considéré à l'époque comme la cause du problème peut être vu comme sa conséquence : ce n'est pas parce qu'elle avait une personnalité passive qu'elle subissait une relation désastreuse pour elle, c'est cette relation qui avait anéanti en elle toute capacité de résister à la situation.

Pour Paul Watzlawick, psychothérapeute américain auteur de nombreux ouvrages sur la communication, « le fait d'ordonner des séquences dans un sens ou dans un autre crée ce qu'on peut appeler sans exagération des réalités différentes. Certains conflits humains rendent ceci particulièrement évident[2] ». La façon dont nous ponctuons la séquence des faits dépend pour beaucoup de nos convictions. Dans le cas ci-dessus, le changement de point de vue crée ce que Watzlawick appelle une « nouvelle réalité » et permet de porter un regard bienveillant et non culpabilisant sur la patiente. Ce renversement de perspective est utile pour la prise en charge. En effet, comment pouvais-je espérer aider à restaurer l'estime de soi défaillante chez une personne que moi-même je n'estimais pas ?

Pervers narcissiques : une « épidémie » moderne

> « Je suis déprimée, je n'ai plus le goût à rien. Vous allez comprendre docteur, mon mari est un pervers narcissique. »

Je crois avoir entendu pour la première fois le terme « pervers narcissique » dans les années 2000. Jusque-là, les patientes se plaignaient d'être malheureuses, d'avoir un mari qui ne les comprenait pas, d'être insatisfaites dans leur vie de couple, de manquer d'estime de soi. Tout change en France à partir de 1998 quand Marie-France Hirigoyen, publie *Le Harcèlement moral : la violence perverse au quotidien*[3]. Ce livre est vendu dans notre pays à près de 500 000 exemplaires, il est traduit en 24 langues. Le retentissement de cet ouvrage est énorme. Il met en lumière une notion connue jusqu'ici des seuls spécialistes, celle de personnalité perverse narcissique, notion que l'on doit au psychiatre et psychanalyste Paul-Claude Racamier (1924-1996). En 1993, Paul-Claude Racamier qui a le premier identifié cette forme particulière de perversion, la décrit ainsi : « Une organisation (s.e. de la personnalité) durable caractérisée par la capacité à se mettre à l'abri des conflits internes, en particulier du deuil, en se faisant valoir au détriment d'un objet manipulé comme un ustensile ou un faire-valoir[4]. » Ici, « objet » signifie « autrui ». Autrement dit, il s'agit de personnes qui manipulent les autres pour les rendre responsables de tous leurs problèmes.

Comme le souligne Marie-France Hirigoyen en clinicienne avisée dans la préface du *Harcèlement moral* : « S'il arrive que les victimes de cette violence insidieuse consultent en psychothérapie individuelle, c'est plutôt pour inhibition intellectuelle, manque de confiance en soi, difficulté à s'affirmer, ou pour un état dépressif permanent résistant aux antidépresseurs, ou même pour un état dépressif plus franc qui peut les conduire à un suicide. » La découverte en psychothérapie du harcèlement moral dont elles sont victimes de la part de leur partenaire pervers narcissique fonctionne pour beaucoup de femmes (et quelques hommes) comme une véritable révélation : ce n'est pas moi le problème, c'est l'autre.

Marie-France Hirigoyen elle-même a eu l'occasion de déplorer l'usage immodéré fait de cette notion[5], qui, relève-t-elle, n'est pas un diagnostic si fréquent. Faire de tout homme (ou femme) séducteur, extraverti, égocentrique un pervers narcissique est sans doute abusif. Je note au passage que le diagnostic de pervers narcissique n'est admis dans aucune classification internationale. Mais c'est un fait, de nombreuses personnes (surtout des femmes) se sont reconnues dans la description de la victime faite par le Dr Hirigoyen et ont apprécié son parti pris qui est que la victime « souffre d'une situation dont elle n'est pas responsable[6] ».

« J'ai compris la raison de ma dépression. C'est mon mari, il me harcèle, je suis sous son emprise.

– Et que puis-je faire pour vous ?

– Je ne sais pas. Peut-être lui expliquer qu'il n'a pas le droit de me maltraiter, de m'insulter, de m'humilier comme il le fait. Mais de toute façon, il dit que c'est moi qui suis folle, et qu'il n'a pas besoin de voir un psy…

– Pensez-vous qu'il puisse changer ?

– Certainement pas. J'ai menacé de le quitter, il a ri et m'a dit que si je faisais ça, je serais ruinée et je perdrais la garde des enfants. Il faut dire qu'en plus il est avocat. Je ne vois pas ce que je peux faire.

– Et qu'est ce qui fait que vous supportez tout ça ?

– Je n'ai pas le choix. Je ne peux pas le quitter. C'est un pervers narcissique, vous devez savoir qu'on ne peut rien contre eux. »

Dans le travail psy, il y a un temps pour tout. Je vois d'emblée dans le point de vue exprimé par cette femme plusieurs obstacles au changement. Il n'y a pas de liberté sans possibilité de choisir. Quelqu'un qui n'a « pas le choix » est condamné à subir, c'est ainsi qu'elle décrit sa situation. Une autre difficulté est qu'elle considère que le pervers narcissique est tout-puissant, qu'on ne peut rien contre lui. Esclave et impuissante, ça ne va pas être facile. Mais ce n'est pas le moment de donner une leçon de philosophie ou de psychologie.

> « Dans un premier temps, je pense qu'il faut vous aider à reprendre un peu de force pour supporter une situation qui n'est guère facile. Et quand vous irez mieux, on verra ce que nous pouvons faire. »

Aider cette femme à se dégager de son mari va prendre pas mal de temps. Cela passe par une restauration de ses capacités à choisir ce qu'elle veut pour elle et ses enfants, à accepter l'affrontement, à se faire aider par un psy mais aussi par un avocat. La question de savoir comment elle a pu supporter une relation aussi destructrice pendant tant d'années viendra, mais quand elle en sera suffisamment dégagée pour pouvoir y réfléchir utilement.

Dans la situation évoquée ci-dessus, la femme était clairement victime d'une relation toxique. Les notions d'emprise ou de harcèlement moral décrivent bien la nature de cette relation dont le travail psy va aider la patiente à se déprendre. Le progrès de ces dernières années est sans conteste d'avoir mis l'accent sur ce mode relationnel qui a pour effet d'annihiler les capacités de la personne qui en est la victime. Cela permet une prise en charge empathique et soutenante, ce qui n'est pas rien, et offre une grille de lecture non culpabilisante des modifications de la personnalité de la victime qui n'est pas rendue responsable de son incapacité à se protéger.

En revanche, je suis réservée sur l'intérêt qu'il y a à traiter cette situation en termes de pathologie de l'autre : mon mari est pervers narcissique. C'est une description caractéristique de ces vingt dernières années. En 1980, cette patiente se serait plainte d'être dépressive, pas heureuse, que son mari ne la comprenait pas. Elle n'aurait jamais eu l'idée d'avoir un point de vue « objectif » sur la personnalité de son mari.

En psychothérapie, il est toujours important de partir de la description du problème qu'en fait le patient (ou la patiente, bien sûr). Mais on ne saurait en rester là, car en général, la description fait partie du problème. La phrase « mon mari est pervers narcissique » est pour moi une source de difficulté et ceci pour deux raisons. La première est que, dans le dispositif d'une consultation pour un état dépressif de madame, on n'y peut rien : monsieur ne viendra pas se soigner, il ne changera pas car il a d'importants bénéfices psychologiques à se comporter ainsi, à faire porter à son épouse l'ensemble de ses conflits personnels non résolus : c'est la définition même de la personnalité perverse narcissique. La deuxième raison est que cela place la question non pas au niveau de la relation entre une femme et son mari, qui implique les deux partenaires, mais au niveau d'un diagnostic soi-disant objectif.

Certaines patientes considèrent que la consultation psy doit permettre de confirmer le trouble de la personnalité de leur conjoint et leur statut de victime.

« Je crois que c'est un pervers narcissique. Vous qui êtes psy, pouvez-vous me le confirmer ?

– Pour quoi faire ?

– Mais docteur, c'est évident. Il m'a séduite pour mieux me manipuler. Et puis j'ai fait le test sur Internet. Mais je voudrais être sûre. Je vais vous le décrire, vous allez voir.

– Je ne comprends pas bien ce que vous attendez de moi…

– Vous êtes psy, oui ou non ? J'ai besoin de savoir d'où viennent mes problèmes. Je crois que c'est à cause de mon mari, et je voudrais que vous me le confirmiez. »

Je laisse ici délibérément de côté les situations où la personne qui vient consulter a entrepris une procédure de divorce et cherche sans le dire explicitement un appui, souvent sur les conseils de son avocat. L'intervention psy dans ce contexte est clairement codifiée, le secret professionnel s'impose, il n'est pas question de produire une quelconque attestation en dehors du cadre d'une expertise.

Pour la psychiatre que je suis, poser un diagnostic de pervers narcissique se heurte dans le contexte exposé ci-dessus à plusieurs obstacles. Le premier est qu'il est difficile d'évoquer un diagnostic pour quelqu'un que l'on n'a pas vu directement. Je devrais me fonder sur les dires de son épouse, qui peuvent certes être sincères mais dont l'objectivité est loin d'être assurée.

Le trouble de la personnalité narcissique est défini par le DSM5 (manuel diagnostique et statistique des troubles mentaux de l'American Psychiatric Association) comme concernant un sujet ayant un sens grandiose de sa propre importance, se surestimant, ayant un besoin excessif d'être admiré, n'hésitant pas à exploiter l'autre pour arriver à ses fins, manquant d'empathie. Le terme de perversion quant à lui se réfère en psychiatrie à des conduites jugées déviantes en rapport avec une structure de personnalité bien établie. La perversion est décrite en particulier par Freud comme un mécanisme de défense qui repose sur l'utilisation de l'autre comme une chose permettant d'externaliser ce qui est insoutenable pour l'individu. Le langage commun fait du pervers un être tordu, malin, manipulateur, jouissant de la souffrance des autres.

Jusqu'à ce jour, la personnalité perverse narcissique n'étant pas reconnue par les classifications internationales, c'est une notion uniquement française. À l'origine, Paul-Claude Racamier y voyait une forme particulière de perversion dans une lecture psychanalytique de l'organisation de la personnalité. Aujourd'hui, ce diagnostic est le plus souvent évoqué non pas au cours d'une observation menée lors de la psychothérapie du sujet concerné, mais de manière indirecte, à travers les dires de sa victime. Il suffirait d'échanger avec cette dernière pour en déduire la personnalité de son bourreau. C'est ainsi que le Dr Dominique Barbier, auteur de plusieurs ouvrages sur le sujet, peut avancer le chiffre de 10 % de pervers narcissiques (près de 7 millions de pervers en France, ça fait peur !) dans la population, en se fondant sur l'augmentation supposée du nombre de victimes déclarées[7], sans que l'on sache au demeurant comment cette statistique est établie. On trouve d'ailleurs sur Internet de nombreux tests : « Pervers narcissiques : 20 signes pour l'identifier » ; « Comment reconnaître un pervers narcissique ? » ; « Pervers narcissiques : 13 signes pour le reconnaître » …

Il ne s'agit pas de nier l'existence de personnes qui font vivre un enfer à leur conjoint, ni que leur comportement soit en relation avec une personnalité perturbée. Mais je le redis, rien pour un psy ne saurait se substituer à l'observation directe d'un sujet, et donc tous ces diagnostics posés à travers les récits d'un conjoint doivent être considérés avec une extrême prudence. Faire porter ses problèmes par les autres car on est incapable de les affronter est une des caractéristiques de la personnalité perverse. Cette « épidémie » de conjoints pervers narcissiques peut être vue paradoxalement comme procédant d'un mécanisme similaire : ce n'est pas moi qui ai un problème, mon problème, c'est l'autre.

La comparaison s'arrête là, car la plupart des personnes qui se plaignent de la perversion de leur conjoint n'ont pas quant à elles les traits caractéristiques d'une personnalité perverse. Faire porter à autrui ses difficultés personnelles peut présenter bien des avantages, psychiques mais aussi sociaux. Depuis une dizaine d'années, déresponsabilisation, victimisation, narcissisme sont dans l'air du temps. Le succès indéniable de la perversion narcissique, encore évoquée en 2024 dans de nombreuses consultations, en dit plus sur l'époque que nous vivons que sur une quelconque réalité clinique.

De l'aliénation à la résilience

La prise en charge psychothérapeutique repose sur l'hypothèse que toute personne qui s'adresse à un psy a, pourvu qu'on l'y aide, la capacité à changer. Jadis, on appelait les malades mentaux des aliénés, ce qui, *stricto sensu*, signifie ceux qui ont perdu leur liberté. Ce terme n'est plus guère utilisé, et c'est heureux car sans liberté, même limitée par la maladie et les contraintes extérieures, comment espérer agir sur son destin ?

La conception psy en vigueur dans les années 1980 faisait peser sur les victimes de violences conjugales un déterminisme inexorable : maltraitées, mal-aimées, elles ne pouvaient que reproduire dans leur vie d'adulte ce qu'elles avaient vécu dans l'enfance. Le regard porté par les professionnels contribuait à perpétuer chez les patients victimes de violences le sentiment que, d'une certaine façon, la maltraitance était normale, qu'elles ne devaient s'attendre à rien d'autre. L'auteur des violences était quant à lui en quelque sorte déresponsabilisé, il ne faisait que répondre à l'aspiration inconsciente de sa victime.

L'irruption de la notion de résilience à la fin des années 1990 sous l'impulsion en France de Boris Cyrulnik[8] apporte un véritable changement de regard sur la psychologie des victimes. La résilience est définie en psychologie comme l'aptitude d'un individu à se construire et à vivre de manière satisfaisante en dépit de circonstances traumatiques[9]. Cette approche permet aux personnes ayant subi des maltraitances dans l'enfance d'échapper, du moins dans le regard des psys, à la fatalité de la répétition.

« Si la génétique et la biologie déterminent les limites du possible, il reste un grand degré de liberté et une marge de manœuvre pour l'intervention des ressources personnelles et professionnelles (...). Le développement de la résilience passe, pour les professionnels, par un autre regard sur la réalité, en vue d'un meilleur usage des stratégies d'intervention. Ce regard cherche, au-delà des symptômes et des comportements, à détecter et à mobiliser les ressources des personnes, de leur entourage, de la communauté. Il conduit à abandonner tout déterminisme fataliste, toute idée de reproduction transgénérationnelle automatique et tout perfectionnisme, afin que la personne et la famille cherchent, dégagent et construisent elles-mêmes un chemin de vie[10]. »

Ce changement de regard est largement bénéfique, car il amène les professionnels à chercher dans toute situation les ressources des personnes et de leur entourage plutôt qu'à justifier ou excuser la situation actuelle par un passé douloureux. Victime de son succès, la résilience ne doit toutefois pas devenir une obligation ou une vertu dont ceux qui ne s'en sortent pas seraient privés, et qui sait, de leur faute ?

La responsabilité de la maltraitance dans le couple ne saurait plus guère de nos jours être imputée à celui ou celle qui en est victime et c'est une bonne chose. Le changement de regard de la société et des psys s'est accompagné, on l'a vu, d'un changement de la position des patients. La demande psy est passée en quelques années d'un extrême à l'autre. « Si je suis maltraité(e), c'est entièrement de ma faute » est devenu « Je n'y peux rien, mon partenaire est un pervers narcissique ». Pour le psy, chacune de ces deux affirmations, qui ne sont rien d'autre que l'expression d'une croyance bien souvent partagée par la société, constitue le point de départ du travail à faire. Dans les années 1980, il s'agissait surtout d'aider la victime de violences conjugales à reprendre confiance en elle et à cesser de se vivre comme méritant ce qui lui arrive. Aujourd'hui, il va plutôt s'agir de déplacer le problème de l'identification d'un partenaire malfaisant à une relation toxique, ce qui implique alors les deux membres du couple.

10.

Le travail, c'est la santé…

1984 : Docteur, mon chef m'a conseillé de vous demander un arrêt de travail. Moi je ne veux pas m'arrêter mais il me dit que sinon il sera obligé de me licencier pour faute.

2024 : Je suis en burn-out. Je ne dors plus. On a un nouveau chef qui me harcèle en permanence, je n'en peux plus.

C'est le chômage le problème

En 1984, rares sont les patients qui attribuent leurs troubles psys à des difficultés au travail. L'inquiétude porte surtout sur la crainte de perdre son emploi. Le chômage commence à se montrer vraiment préoccupant, passant de 3,30 % de la population active en 1975 à 8,70 % en 1987[1]. En Picardie où j'exerce à l'époque, des usines qui fournissaient du travail depuis des décennies ferment ou réduisent leur personnel. Dans le même temps, l'agriculture de plus en plus mécanisée nécessite de moins en moins de main-d'œuvre. La population de la petite ville où je travaille vit un bouleversement auquel elle n'est pas préparée, et cela se manifeste dans les consultations.

> « Avec mon mari, nous avons une grande ferme. Nous faisons du blé et de la betterave. Jadis, pour les moissons, il y avait une dizaine de personnes. C'était très gai, je faisais à manger pour tout le monde. Aujourd'hui, avec les nouvelles machines, ils font la moisson à deux. Je suis toujours seule, je m'ennuie et je déprime. »

> « Il y a un plan social dans l'usine de mon mari. Il risque d'être licencié et à son âge, il ne retrouvera pas de travail. Je suis très inquiète. »

Je soigne une femme qui souffre depuis de nombreuses années d'un délire chronique. Elle entend des voix quasiment en permanence. Julio Iglesias, chanteur espagnol très à la mode, lui parle et elle dialogue avec lui à haute voix. Elle travaille depuis de nombreuses années dans une grosse usine agroalimentaire. Ses absences répétées et son faible rendement sont tolérés, elle a sa place dans l'atelier. C'est en quelque sorte la folle de l'usine, qui parle toute seule, dont on se moque parfois, mais qui n'inquiète personne. Quand le premier plan social frappe cet établissement, elle fait logiquement partie de la première charrette de licenciements. Impossible d'imaginer qu'elle puisse retrouver du travail. J'ai les plus grandes difficultés à lui faire obtenir le statut d'handicapée auquel son état de santé lui donnait droit. L'administration objecte que, puisqu'elle avait travaillé pendant vingt ans, c'est donc qu'elle n'était pas inapte...

Plus le chômage augmente, plus il est devenu difficile à des personnes peu diplômées ou entravées dans leur efficience par des troubles psys de trouver ou de garder un travail. Les années 1980 sont emblématiques de ce mouvement de mise à l'écart de l'emploi des personnes fragiles.

Jusqu'aux années 2000, si le chômage est un problème, travailler semble être la solution. Le chômage est, pour de nombreux patients, à l'origine des troubles dont ils se plaignent.

> « Voilà, depuis que je suis au chômage, je dors mal. Je n'ai plus le goût à rien. Je reste toute la journée chez moi à fumer et à regarder la télé. D'ailleurs, ça commence à poser problème avec ma femme, qui ne supporte pas de me voir comme ça.
>
> – Et quand vous travailliez, c'était comment ?
>
> – Rien à voir. Je me levais tôt, j'avais de l'énergie, j'avais confiance en moi. La façon dont j'ai été licencié brutalement, après vingt ans de bons et loyaux services, ça m'a cassé. »

De très nombreuses études se sont intéressées au lien entre chômage et santé mentale. Une étude de la DARES (Direction de l'animation de la recherche, des études et des statistiques du ministère du Travail) de septembre 2015, intitulée « Chômage et santé mentale : des liens ambivalents[2] », résume bien la complexité du sujet. Il faut tenir compte du genre (il semble que les femmes soient moins affectées que les hommes par la perte de leur emploi), de la durée du chômage (plus le chômage dure, plus il génère des troubles), de l'état de santé ainsi que du contexte professionnel préexistants. L'étude intitulée « Chômage et santé mentale en France » parvient à des conclusions similaires : les conséquences du chômage sur la santé mentale se font surtout sentir chez les hommes en deuxième partie de carrière. L'apparition de troubles anxieux ou dépressifs vient minorer leurs chances de retrouver un emploi, il s'instaure ainsi un véritable cercle vicieux[3].

Jusqu'aux années 2000, dans les consultations, la question du travail n'apparaît qu'en creux, c'est le chômage ou l'inactivité qui reste le problème. Les angoisses des patients sont en résonance avec le contexte général, le chômage étant une des principales préoccupations des Français à l'époque. Perdre un emploi, c'est bien souvent l'assurance de ne pas pouvoir en retrouver de sitôt, si ce n'est jamais. Ceux qui ont la chance d'avoir un travail acceptent parfois, par peur du chômage, des conditions indignes.

Lors de l'inauguration des nouveaux locaux du centre de soins pour toxicomanes que je dirigeais, nous sommes début 2001, j'ai assisté à ce dialogue qui peut surprendre aujourd'hui mais qui rend bien compte de l'état d'esprit de l'époque. Le médecin du travail en charge du suivi de notre équipe interpelle le ministre de la Santé :

> « Monsieur le Ministre, que comptez-vous faire contre la souffrance au travail ?
>
> – Je ne pense pas que ce soit le principal problème. Ceux qui souffrent, ce sont ceux avant tout qui n'ont pas de travail... »

Le chômage préoccupation numéro un, certes... mais peu à peu, j'ai vu émerger un autre sujet, celui du retentissement sur le psychisme de conditions de travail problématiques.

> « Docteur, je suis en arrêt de travail pour burn-out. Je travaillais dix heures par jour, j'emmenais des dossiers à la maison, j'avais le sentiment que je n'y arriverais jamais.

Un jour, j'ai craqué, j'ai avalé tous les tranquillisants que j'avais dans mon armoire à pharmacie. Je dois reprendre mon travail, mais je suis très angoissé. »

« Mon chef me harcèle, il me donne toute la journée des ordres contradictoires. Il m'insulte, me traite d'incapable. Je suis angoissée, stressée, je dors mal, j'ai la boule au ventre quand je vais au travail. »

Harcèlement moral, burn-out : la prise de conscience

Il y a toujours eu des chefs harceleurs, des contremaîtres qui exercent leur droit de cuissage, des travaux qui épuisent. Rien de bien nouveau donc, si ce n'est qu'au détour des années 2000, on est passé de la dénonciation ponctuelle de pratiques délétères à une interrogation qui concerne les effets de ces pratiques managériales douteuses sur ceux qui les subissent. Rapidement, cela se traduit dans les consultations :

1984 : Mon chef est vraiment un pervers. Il est tout le temps après moi, quoi que je fasse ça ne va jamais.

2000 : Je suis en burn-out. Il faut dire que je subis le harcèlement de mon chef depuis des mois.

Au fil des années, le travail a changé. Il a changé dans sa nature comme dans le sens que chacun lui donne.

Les années 1980-1990 sont celles où les évolutions de la nature des emplois sont les plus rapides. Les emplois qui se développent demandent un investissement intellectuel et relationnel de plus en plus important. Le développement d'Internet, les techniques de management importées d'outre-Atlantique, un souci d'efficacité et de rentabilité accrues ont profondément changé les façons de travailler.

« L'affaire des suicides à France Télécom » illustre les effets tragiques de l'application aveugle d'un ensemble de mesures visant à réorganiser une entreprise à marche forcée. Il s'agit en 2004 d'appliquer le plan NExT (Nouvelle Expérience des Télécommunications), ayant pour but explicite d'obtenir, par des techniques délibérées de dégradation des conditions de travail, le départ volontaire de 22 000 salariés afin de réduire les indemnités qui leur sont dues. Quatre mille managers sont formés à diverses techniques de déstabilisation du personnel. À la suite de l'application du plan NExT, de nombreux salariés souffrent de dépression, certains se suicident en mettant en cause l'entreprise (35 suicides en deux ans). Un procès s'ensuivra, et l'entreprise et ses principaux dirigeants seront condamnés pour « harcèlement moral institutionnel ».

Le harcèlement moral avait fait son entrée dans le Code du travail en 2002. Le Code du travail définit qu'un salarié est « victime de harcèlement moral lorsqu'il subit des agissements répétés qui ont pour objet ou pour effet une dégradation de ses conditions de travail susceptible de porter atteinte à des droits et à sa dignité, d'altérer sa santé physique ou mentale ou de compromettre son avenir professionnel[4] ». Comme souvent, le vote de la loi suit la prise de conscience par la société de l'existence d'un problème. Le retentissement d'ouvrages comme *Souffrance en France* de Christophe Dejours[5], ou *Malaise dans le travail, harcèlement moral : démêler le vrai du faux*[6] de Marie-France Hirigoyen, traduit bien l'intérêt que le public porte alors aux conséquences de pratiques managériales délétères dans le monde du travail.

J'ai suivi à partir de 2010 et pendant plusieurs années une femme, la quarantaine, qui présentait un alcoolisme chronique massif qu'elle reliait à une situation de harcèlement au travail. Titulaire d'un diplôme de niveau bac+5, mariée, deux enfants, elle travaillait comme cadre dans une grande administration. Elle me dit avoir subi pendant plusieurs années le harcèlement d'un chef, et que ça l'a détruite.

« Mais enfin, vous ne pouviez rien faire ? Vos collègues, les syndicats ?

– Les collègues me soutenaient par-derrière, mais jamais devant les chefs. Ils avaient tous peur. Et le syndicat auquel j'appartenais m'a dit que comme le harceleur était aussi un salarié, ils ne pouvaient pas soutenir un salarié au détriment d'un autre…

– Et votre mari, il disait quoi ?

– Il en avait assez de m'entendre parler tout le temps de mes problèmes au travail. Il me disait de démissionner mais pour moi pas question de leur donner raison. Et puis j'avais peur de ne pas retrouver de travail. Je me suis mise à boire, pour supporter la situation. J'étais seule. Personne ne m'a aidée. »

Cette femme décrivait une histoire familiale difficile, un père violent, une mère soumise. Elle avait fui sa famille à travers les études puis un mariage qui ne semblait pas très heureux. Sa fragilité, le sentiment que quitter son emploi, n'est pas une option, l'isolement ont fait d'elles la proie idéale pour subir au-delà du raisonnable des conditions de travail indignes. Je l'ai aidée à reprendre suffisamment confiance en elle pour affronter, sans se détruire, une situation professionnelle manifestement anormale et trouver une solution qui la protège.

La reconnaissance légale du phénomène a permis à nombre de personnes de mettre un nom sur ce qu'elles subissaient et de se dégager ainsi de l'idée qu'elles étaient seules concernées. Le baromètre Ipsos de 2022 sur le harcèlement au travail montre l'ampleur du phénomène, autant dans sa perception subjective que dans sa réalité. Plus d'un salarié sur trois dit avoir déjà été victime de harcèlement au travail, tandis que près de trois sur quatre considèrent que les situations de harcèlement sont répandues[7]. Le nombre de plaintes en justice reste cependant faible, de l'ordre d'un millier par an.

Les conséquences du harcèlement moral au travail sur la santé mentale sont considérables. Un cinquième des cas de dépression chez les employés lui serait en France attribuable[8]. Une amie rhumatologue me faisait remarquer que bon nombre de ses patients qui souffrent de troubles musculo-squelettiques comme des lombalgies sont des déprimés qui en ont littéralement « plein le dos » de leurs conditions de travail.

Le paradoxe de ces dernières années est qu'objectivement, les conditions de travail se sont améliorées : cinquième semaine de congés payés depuis 1982, passage à 35 heures hebdomadaires en 2000, développement du télétravail, sans réel impact sur le ressenti de nombre de travailleurs. En 2023, lors des débats autour de la réforme des retraites, ils étaient nombreux à dire que travailler plus longtemps leur semblait impossible.

Les doléances par rapport au travail ne masquent-elles pas d'autres difficultés, à chercher dans l'histoire et la vie personnelles ? La femme dont j'évoque la situation plus haut avait une histoire familiale difficile et une vie conjugale insatisfaisante. Son incapacité à se dégager d'une relation toxique au travail n'était que la déclinaison de ce même handicap dans sa vie privée. Au début de l'affaire des suicides de France Télécom, la direction a tenté d'incriminer des difficultés personnelles pour expliquer les premiers suicides et ainsi exonérer l'entreprise de ses responsabilités. Tous les employés de France Télécom soumis aux rigueurs du plan NExT ne se sont certes pas donné la mort, et prouver une relation de causalité stricte entre le harcèlement et le suicide s'est avéré impossible. Je comprends que, pour les familles, cela soit choquant. Elles ont vu leur proche accuser tous les jours la direction de l'entreprise, elles ont observé l'apparition de troubles dépressifs à partir du moment où les conditions de travail ont changé. Bref, le lien de causalité est évident à leurs yeux, mais cela n'a pas suffi. Les plaintes pour homicide involontaire ou mise en danger de la vie d'autrui, qui supposent d'établir avec certitude ce lien de causalité, ont été requalifiées en harcèlement moral, qui n'implique pas d'intention de nuire. Autrement dit, la parole des victimes qui font du harcèlement au travail la cause de leurs souffrances n'amène pas à ce que cela soit vrai aux yeux de la justice. Psychologiquement, au risque de choquer, je dirais qu'il en va de même. Affirmer que le harcèlement subi par les salariés est la cause de leur suicide ne va pas de soi. Analysés un à par un, on pourrait trouver chez certains suicidés des personnalités fragiles qui, couplées à des conditions de travail fortement déstabilisantes, les ont amenés à se donner la mort. Cependant, quand plusieurs dizaines de personnes se suicident en incriminant le même employeur, c'est bien qu'il y a un problème qui dépasse les situations individuelles et qui mérite d'être reconnu et sanctionné.

Le burn-out a été décrit pour la première fois en 1975 par un psychiatre américain pour rendre compte de l'épuisement au travail de professionnels de l'aide et du soin. Il se définit comme un épuisement physique, émotionnel et mental qui résulte d'un investissement prolongé dans des situations exigeantes sur le plan émotionnel. Ce n'est pas une maladie psychiatrique à proprement parler, mais un état qui peut être à l'origine de troubles psys tels que la dépression et l'anxiété généralisée, ou somatiques tels que des maladies cardio-vasculaires ou des troubles musculo-squelettiques. Le burn-out survient dans un contexte de contraintes de travail excessives, de manque de soutien, de crise du sens. Le succès de la notion de burn-out a été foudroyant, sans doute parce que de nombreuses personnes ont reconnu en elles cet état très particulier, qui n'est pas de la dépression au sens strict, la sensation d'épuisement professionnel étant au cœur du ressenti.

> « Je n'ai plus d'énergie, je n'arrive pas à me lever le matin, j'ai l'impression d'être complètement inefficace, que je n'arriverai jamais à faire ce que mon employeur attend de moi. »

Les victimes du burn-out seraient en constante augmentation. Le chiffre de 30 000 personnes en France qui figure dans une étude de 2012 est de l'avis de nombreux experts, sous-estimé[9]. Un sondage réalisé début 2022, après la crise du Covid, fait état de 2,5 millions de personnes en burn-out sévère[10]... Ce type de sondage ne décrit pas la réalité, mais le ressenti des personnes sondées qui, s'agissant de troubles psy, est toujours un élément significatif. Il est bien difficile de se faire une idée précise de l'ampleur du phénomène, mais beaucoup de Français se sentent concernés.

Tout comme le suicide au travail, la question d'une fragilité préexistante se pose. Toutes les enquêtes convergent sur le point que les femmes sont plus touchées que les hommes.

Les personnes consciencieuses (ce n'est pas une maladie ni même un trouble de la personnalité) seraient plus vulnérables, tout comme celles présentant une certaine instabilité émotionnelle. Toutefois, ces caractéristiques sont nettement moins déterminantes que des conditions de travail dysfonctionnelles : charge de travail élevée, faible niveau de reconnaissance, amplitudes horaires déraisonnables, manque de soutien de la hiérarchie et des collègues[11]...

Aujourd'hui, les troubles psys liés à une souffrance au travail ne figurent toujours pas au tableau des maladies professionnelles établi par la Sécurité sociale et qui donne droit à indemnisation. Il incombe au salarié qui est malade du fait de ses conditions de travail d'établir le lien de causalité entre son travail et son état, ce qui, on l'a vu à propos du suicide, n'est pas évident.

La prise en compte des facteurs de risque psys liés à l'emploi est bien connue depuis le début des années 1990.

La nécessité de prévenir les Risques psycho-sociaux (RPS), en revanche, est présente dans le Code du travail français depuis 2008. Ces risques identifiés concernent le stress provenant du sentiment de ne pas répondre aux exigences, les violences internes à l'entreprise telles que le harcèlement et les situations de conflits majeurs, les violences exercées par des personnes extérieures, le syndrome d'épuisement professionnel (burn-out). Il est fait obligation à l'employeur de mettre en œuvre des dispositifs de prévention et de suivi de ces risques.

Des relations au travail bouleversées

J'ai toujours travaillé en équipe, et j'ai observé au fil des années des changements profonds dans les relations au travail.

Au début des années 2000, les évaluations professionnelles font leur entrée au sein de la structure où j'exerce. Selon le jargon en vigueur, chaque salarié doit, une fois par an, avoir un entretien avec son « N +1 », c'est-à-dire son supérieur hiérarchique immédiat. J'ai été étonnée par la nature de certaines des questions posées. Elles portaient non pas sur la quantité ou la qualité du travail fourni, mais sur la personnalité du salarié évalué : est-il motivé, investi, créatif... Toutes notions éminemment subjectives. Cette dérive se retrouve me dit-on au cours d'entretiens d'embauche où le diplôme et l'expérience professionnelle ne suffisent plus : il faut mettre en avant ses qualités personnelles pour espérer décrocher le job. Cette exigence a son revers : les salariés demandent eux aussi plus qu'un travail correctement organisé et rémunéré. Ils aspirent à être reconnus, estimés, et souffrent quand ce n'est pas le cas. Les relations au travail sont surinvesties, et la déception peut faciliter l'émergence de troubles psys.

Le succès de la notion de harcèlement moral au travail a contribué, à partir de 1998, à modifier les relations professionnelles. Dans le bon sens quand il a amené à protéger des salariés de supérieurs hiérarchiques ou de collègues harceleurs, mais pas toujours. Marie-France Hirigoyen s'est elle-même inquiétée d'une utilisation abusive de cette notion. Le choix du titre de l'ouvrage *Malaise dans le travail, harcèlement moral : démêler le vrai du faux* exprime clairement la nécessité de ne pas parler de harcèlement à tort et à travers. Se sentir harcelé ne suffit pas à ce que cela soit vrai.

La psychologisation des relations professionnelles peut masquer les difficultés personnelles de certains salariés, mais aussi les enjeux proprement politiques des conflits en entreprise. Faut-il soigner les salariés pour qu'ils s'adaptent à leur travail, ou faut-il soigner le travail ?

Il y a quelques années, j'avais entendu parler d'entreprises qui proposaient à leurs salariés en difficulté des « chèques psys », sans doute sur le modèle des chèques vacances ou des tickets-restaurants, leur permettant de bénéficier de consultations gratuites. J'ai retrouvé trace de ce dispositif sur le site de compagnies d'assurances qui le proposent toujours aujourd'hui à leurs adhérents, individus ou entreprises. Je m'étais interrogée, et je m'interroge toujours, sur le problème éthique posé par une telle offre. Quand un salarié présente des troubles psys repérés dans le cadre professionnel, le plus souvent de type anxieux ou dépressif, lui offrir la possibilité de consulter un professionnel peut sembler une bonne idée. Mais, quand cette offre est suggérée et financée par l'entreprise qui l'emploie, cela suscite en moi le soupçon que l'entreprise préfère imputer au seul salarié, à qui il revient de se soigner, la responsabilité du malaise. L'employeur peut considérer qu'il a fait ce qu'il fallait pour traiter le problème qui vient du salarié, pas de l'entreprise.

La pression au rendement, la course à la rentabilité, la financiarisation d'entreprises dont le but explicite est de rémunérer au mieux les investisseurs, sans oublier les « bullshit jobs », terme dont j'ai entendu parler dans les médias pour la première fois en 2013 à la suite de la parution d'un article de l'anthropologue américain David Greaber, et qui a immédiatement conquis un large public… Signifiant « jobs à la con », cette expression de David Graeber concerne des emplois n'ayant aucune autre utilité que de ne pas faire exploser la courbe du chômage. On comprend que certains salariés soient mal à l'aise au travail, sans même qu'intervienne un quelconque harcèlement. C'est alors la question du sens du travail qui est légitimement posée. Les psys n'échappent pas à cette interrogation : devant un patient qui souffre de ce qu'il vit au travail, l'aider à souffrir moins ne revient-il pas à conforter l'organisation sociale qui est à l'origine même de cette souffrance ?

11.

Quand c'est l'exclusion sociale qui rend fou

1984 : Docteur, je suis angoissée, parce que j'ai peur de perdre mon logement.

2024 : Je vis dans la rue. Pourriez-vous me prescrire quelque chose pour m'aider à supporter cette situation ?

L'environnement social dans lequel nous vivons a un impact majeur sur notre santé mentale. J'ai décrit plus haut comment l'école ou le travail peuvent favoriser l'émergence de certains troubles psys, comment les réseaux sociaux influent sur la façon dont ils se manifestent, sont perçus et traités. Depuis les années 1970 et la fin des « trente glorieuses » les crises économiques se succèdent et contribuent à précariser de nombreux Français, amenant les plus fragiles à manifester leur malaise par divers symptômes psys. En 2020, c'est l'épidémie de Covid qui va mettre en lumière le lien entre conditions de vie et troubles psys.

Les années 1980 :
de la précarité sociale à l'insécurité psychique

Il n'existe pas de statistiques fiables qui permettent de comparer le nombre de personnes en situation de précarité en 1984 et en 2024. L'impression générale est que ce nombre a considérablement augmenté. Ce qui est certain, c'est qu'au cours des années 1980, le chômage de masse a gagné notre pays et a fait basculer nombre de Français dans la précarité.

> « Comme je ne travaillais pas trop bien à l'école, mon père a voulu me faire entrer à l'usine où lui-même, son père et son grand-père ont travaillé. Mais ça n'a pas marché. Du coup, je ne fais rien, je fume, je bois et je suis déprimé. Et avec mes parents on se dispute tout le temps. »

En Picardie, au milieu des années 1980, nombreux sont ceux qui sont nés et ont grandi dans la même ville que leurs ancêtres, travaillé dans la même entreprise, jamais quitté leur région si ce n'est pour le service militaire (réservé aux garçons). Dans un tel contexte, toute modification d'un environnement qui semblait devoir rester éternellement immuable génère un fort sentiment d'insécurité. Rien n'a préparé ces individus qui subissent le contrecoup de la crise économique à s'y adapter.

En 1985, dans cette ville où je travaille et qui compte plus de 10 000 habitants, il n'y a ni piscine, ni cinéma, ni lycée. Tout le monde se connaît et se côtoie. La plupart des habitants ont un jardin potager qui permet de se nourrir à peu de frais. On va en forêt couper du bois pour se chauffer. Bref, de nombreux habitants vivent de peu, mais ont su développer des stratégies efficaces pour gérer la pauvreté, dans un tissu de relations sociales qui reste dense.

La précarité est différente de la pauvreté (l'une n'empêchant pas l'autre). La pauvreté, c'est n'avoir pas assez de ressources pour vivre décemment, dans un contexte donné. La précarité, c'est une perte des repères fiables, elle a pour conséquence ce que le psychiatre Jean Furtos[1] décrit comme une triple perte de confiance : en l'autre, en soi-même, en l'avenir.

L'irruption de la précarité, due au chômage qui gagne au cours des années 1980, est venue déstabiliser nombre de patients. Outre la perte de revenus, le chômage entraîne une perte de prestige familial et social et une oisiveté que beaucoup, gros travailleurs, ne supportent pas. Les hommes sont les premiers touchés :

> « Depuis que j'ai perdu mon travail, je rumine, je ne fais plus rien. J'ai l'impression que mes enfants n'ont aucun respect pour moi. À la maison, c'est ma femme qui décide de tout, je la gêne à être dans ses pattes toute la journée. »

Dépression, idées suicidaires, alcoolisme et tabagisme sont au rendez-vous, et il est bien difficile d'aider ces hommes à reprendre un tant soit peu confiance en eux et en l'avenir. Au bout d'un an ou deux de chômage, leur état s'est tellement dégradé que retrouver un emploi devient encore plus illusoire. La prise en charge psy ne peut pas grand-chose devant ce désespoir dont les causes sont réelles. Je propose des dérivatifs, je prescris des médicaments pour combattre la tristesse et les troubles du sommeil, mais je sens bien que ce ne sont que des palliatifs d'une situation vécue par les patients (et par moi-même) comme cruelle et injuste. À partir du moment où changer la réalité semble impossible – là où j'exerçais il n'y avait plus de travail et déménager était inenvisageable pour ces personnes qui avaient là leur maison, leur famille et leur vie –, il ne reste plus qu'à essayer de s'adapter à la situation, ce qui n'est pas chose aisée.

Le débat pour savoir si la fragilité psychique favorise la précarité ou bien si c'est l'inverse anime sociologues et psychiatres. Pour le praticien que je suis, c'est l'association des deux qui complique la situation. Quant au patient, il considère que la cause de ses problèmes est sociale, donner une réponse psy lui semble bien souvent à côté de la plaque :

> « Je suis déprimé parce que j'ai perdu mon travail. Retrouvez-moi du boulot, et je n'aurai plus de problème.
> – Je comprends. Mais je suis psychiatre. Je n'ai malheureusement pas cette capacité. Je ne peux que vous soutenir dans ce moment difficile et essayer de voir avec vous comment vous pouvez tenir bon. »

La plupart des sujets qui voient leur vie bouleversée réagissent au minimum par un sentiment de démoralisation bien compréhensible. Ils ont en quelque sorte une réaction « normale » à une situation anormale, cela ne fait pas d'eux des malades psychiatriques. Quand ils viennent consulter, c'est pour des symptômes tels que des troubles du sommeil, une perte de confiance dans l'avenir, une recrudescence de leur consommation d'alcool. Ces symptômes font certes partie des éléments qui fondent le diagnostic de dépression, mais leur caractère réactionnel fait douter qu'il s'agisse ici d'une pathologie psy à proprement parler. L'insécurité psychique est ici indéniable, mais elle a avant tout une cause sociale. La réponse en termes de médicaments pour les troubles du sommeil, les affects dépressifs ou l'angoisse se comprend : à défaut de pouvoir traiter la cause, il n'est pas interdit d'en soulager les conséquences pénibles. L'accompagnement psy offre au patient un espace où il trouve compréhension et empathie, pour certains il peut aussi contribuer à mobiliser les ressources psychiques nécessaires pour faire face à la situation.

SDF : du délit de vagabondage à l'assistance aux exclus

En France, jusqu'en 1994, le vagabondage était un délit. La loi n'était plus guère appliquée depuis les années 1970, et l'assistance a progressivement pris le pas sur la répression : la courbe à la baisse des condamnations pour délit de vagabondage et de mendicité croise celle en hausse des dépenses pour l'aide sociale à l'hébergement des personnes sans domicile en 1978.

La création du Samu social en 1993 atteste de ce changement. À Paris, jusque-là, on se contentait de « ramasser » les SDF et de les emmener de gré ou de force au centre d'hébergement de Nanterre où, c'est le moins qu'on puisse dire, la prise en charge sanitaire et sociale n'était pas optimale. L'idée du Samu social est, par analogie avec le SAMU, de considérer que l'exclusion est une urgence et qu'elle doit être prise en charge par des professionnels compétents dans le domaine médico-psychosocial[2].

Les années 2000 constituent un tournant dans l'approche des personnes sans domicile. La question de leur santé mentale commence à être abordée autrement que par le prisme de l'enfermement. Les hôpitaux psychiatriques, qui ferment des lits par milliers, n'ont plus vocation à les accueillir pour des séjours de longue durée.

L'étude Samenta (Santé mentale et addictions) menée en 2009 auprès de personnes SDF d'Île-de-France, la première du genre en France, montre qu'un tiers d'entre elles souffrent de troubles psychiatriques sévères (troubles psychotiques, troubles de l'humeur, troubles anxieux). Les troubles psychotiques sont dix fois plus fréquents qu'en population générale, la dépendance aux substances psychoactives est retrouvée de trois à six fois plus souvent[3]. En revanche, leur suivi est inexistant ou extrêmement chaotique.

Les personnes sans domicile fixe s'adressent rarement directement à des psys. Qu'il s'agisse de troubles somatiques ou psychiques, un minimum de stabilité est nécessaire pour pouvoir se soigner. Vivre dans la rue, devoir se préoccuper tous les jours de trouver à manger et un coin pour dormir n'est guère propice à prendre soin de sa santé, *a fortiori* de sa santé mentale.

Les personnes sans domicile que j'ai reçues en consultation à partir des années 2000 étaient le plus souvent accompagnées de travailleurs sociaux. Mon impression très nette était que ces derniers étaient plus demandeurs que la personne concernée, souvent atteinte de ce que les psys spécialisés dans le travail en direction des précaires décrivent sous le nom de « syndrome d'auto-exclusion ». Il s'agit de sujets qui, ne pouvant faire face au stress chronique lié à une exclusion sociale qui dure, s'organisent psychiquement sur le mode d'une triple disparition : disparition de la souffrance physique, refus de toute relation d'aide et plus largement de toute relation sociale. Cette indifférence apparente à leur situation somatique et relationnelle, ce refus de demander de l'aide viennent compliquer la tâche des travailleurs sociaux qui tentent précisément de les aider. Ce comportement qui peut ressembler à celui de certains schizophrènes est sans doute à l'origine des nombreux diagnostics de psychose portés chez les personnes vivant à la rue. Il s'agit ici d'une réaction adaptative à la situation sociale, et non d'un facteur de risque d'exclusion. Autrement dit, il est la conséquence d'une exclusion qui dure, et non la cause. La plupart des professionnels qui travaillent avec ces exclus de longue date considèrent qu'il est très difficile de réinsérer une personne après plus de deux ans passés dans la rue. En 2002, l'espérance de vie des femmes sans domicile fixe était de 46 ans pour les femmes et de 50 ans pour les hommes... L'adage « mieux vaux prévenir que guérir » n'a sans doute jamais été aussi pertinent.

Changer les habitudes, changer les pratiques

En 2009, j'assiste à Paris à une réunion qui associe professionnels et pouvoirs publics pour mettre en place une expérimentation baptisée « Un chez-soi d'abord » en direction des personnes souffrant de troubles psychiatriques et vivant dans la rue. Il s'agit de comparer les résultats d'un accompagnement « classique » de ces personnes, qui restent à la rue ou dans des foyers d'accueil à la journée jusqu'à ce qu'elles soient suffisamment stabilisées pour bénéficier d'un logement pérenne, avec une pratique testée aux États-Unis depuis les années 1990 de mise à disposition d'un logement préalablement à toute prise en charge médico-psychosociale, connue sous l'appellation « Housing First ». Cette proposition est une révolution par rapport à la façon habituelle de procéder qui fait de l'obtention d'un logement le Graal du travail social. Pour espérer obtenir un logement autonome, il faut que la personne ait gravi avec succès toute une série de marches, d'hébergement d'urgence en foyer de réinsertion, de résidence sociale en sous-location. Il faut aussi qu'elle ait montré sa capacité à se soigner, à accomplir toutes sortes de démarches administratives. Bref, il faut avoir de manière constante fait preuve d'une détermination sans faille à se sortir de la rue, ce qui, on l'a vu, est loin d'être possible pour tous ceux qui vivent cette situation depuis des années. Les échecs sont évidemment plus nombreux que les succès, c'est pour les usagers comme pour les professionnels profondément décourageant.

Le projet « un logement d'abord » était expérimental. On allait comparer les résultats, en termes de suivi psychiatrique, de deux groupes : l'un bénéficiant d'un logement d'emblée, l'autre suivi comme d'habitude. L'expérimentation permettait de bénéficier de crédits affectés à la recherche et d'asseoir, ultérieurement si elle s'avérait concluante, des demandes de financement pour une action pérenne. Étrangement, j'ai pensé : « Ce n'est même pas la peine de faire une expérimentation, on sait d'avance que le groupe avec logement aura de bien meilleurs résultats ». Étrangement, car comme la majorité de mes collègues, je ne m'étais jamais posé la question de la pertinence de notre façon de procéder. J'exerçais depuis 1991 dans une structure qui permettait de traiter l'ensemble des problèmes psychiatriques, somatiques et sociaux des toxicomanes accueillis. Et le logement autonome était pour nous le couronnement rarement atteint d'années de travail.

Les résultats du programme, en France comme à l'étranger, sont sans appel. « L'évaluation française montre que 85 % des 353 personnes bénéficiaires du programme se sont maintenues dans le logement avec une amélioration notable de leur qualité de vie et une baisse de 50 % des durées d'hospitalisation psychiatrique par comparaison avec le groupe témoin. Le dispositif coûte 14 000 euros par an, largement compensé par la réduction des dépenses de santé et d'hébergement précaire[4]. »

Ce renversement de perspective, loger avant de soigner, est puissant. Il subvertit la conception et le regard que l'on porte sur la grande exclusion. Il contribue à déplacer la question de la responsabilité et de la résolution du problème de la personne à la rue vers le contexte social.

Les solutions sont maintenant bien connues et documentées par de nombreuses études, en France comme à l'étranger. Leur mise en œuvre est compliquée par le manque chronique de logements qui touche dans notre pays l'ensemble de la population. Doit-on faire un effort particulier en direction des exclus ? La réponse à cette question est purement politique.

2024 : le backlash ?

Le rapport entre le contexte social et les manifestations de troubles psychiatriques est à double sens. L'exclusion et la précarité peuvent favoriser l'émergence de symptômes psys parfois sévères. De plus, elles constituent un obstacle pour ceux qui en subissent les effets et auraient besoin de se soigner.

À partir des années 1980, la question des sans-abri n'a cessé de gagner en acuité et en visibilité. Entre 2012 et 2023, leur nombre aurait, selon la Fondation Abbé Pierre, augmenté de 130 %. En 2006, l'association Les Enfants de Don Quichotte décide d'installer une centaine de tentes pour héberger des SDF le long du canal Saint-Martin en plein cœur de Paris. Les SDF ne se cachent plus.

La question de la santé mentale des exclus est posée sur la place publique, non sans une certaine ambiguïté. On peut ainsi lire dans *Le Figaro* du 12 février 2010 dans un article titré « Près de la moitié des SDF ont des troubles mentaux » les propos suivants : « Les chiffres sont terribles : 30 à 50 % des personnes sans domicile fixe (SDF) sont atteintes de très graves maladies psychiques : schizophrénie ou troubles bipolaires sévères. Des personnes livrées à elles-mêmes, sans soins, désocialisées et souvent atteintes d'alcoolisme et de toxicomanie. » « Or on sait aujourd'hui que ces trois facteurs multiplient par huit le risque de délinquance et de criminalité avec des conséquences graves, d'abord pour ces malades eux-mêmes, mais aussi pour les autres[5] », explique le professeur Jean-Pierre Olier, psychiatre à l'hôpital Sainte-Anne, qui se refuse pourtant à stigmatiser cette population. Cet article a pour objet de promouvoir le projet « Housing First » dans quatre grandes villes françaises, afin de permettre aux SDF présentant des troubles psychiatriques de se soigner. Les intentions sont louables, mais le lecteur qui découvre qu'il y a dans les rues de nos villes des dizaines de milliers de malades mentaux éventuellement dangereux ne sera guère rassuré.

La fonction d'asile qui a longtemps été dévolue à l'hôpital psychiatrique et à certains hôpitaux généraux n'est plus de mise. Une fois soignés, on met les gens dehors, quelle que soit leur situation. Certains patients qui, jusqu'aux années 1980-1990, pouvaient passer l'hiver au chaud à l'hôpital et reprendre aux beaux jours leur vie d'errance n'ont plus cette opportunité, ce qui contribue sans doute à accroître le nombre de personnes souffrant de troubles psys qui vivent dans la rue.

Dans le même temps, diverses dispositions ont témoigné au fil des ans du souci des pouvoirs publics de passer de la répression à l'assistance aux SDF et aux précaires, d'une réprobation morale à un soutien effectif : mise en place d'un revenu minimum (RMI) en 1988, création du Samu social en 1993, suppression du délit de vagabondage en 1994, expérimentation « Housing First » à partir de 2010... L'idée qu'il faut « aller vers » ces populations en difficulté plutôt que d'attendre qu'elles viennent d'elles-mêmes se soigner fait son chemin.

La crise du Covid a mis en lumière la fragilité psychique de nombre de Français. Pas seulement ceux qui vivent dans la rue, mais ceux qui sont seuls, les familles monoparentales, les jeunes. « La pandémie a considérablement impacté la santé mentale des Français. Les populations les plus touchées par l'augmentation des pathologies mentales liées à la crise sanitaire sont les 18-34 ans, les femmes, les personnes en situation de précarité et les personnes ayant eu le Covid-19[6]. » L'amélioration de la santé mentale d'une partie de la population passe sans nul doute par une amélioration de sa situation sociale.

En 2024, plusieurs éléments se combinent pour venir compliquer la situation.

La figure de l'exclu dont il faut prendre soin s'est considérablement modifiée. En 2006, lors du mouvement des enfants de Don Quichotte, les SDF sont encore considérés comme des citoyens majoritairement français, dotés de dignité humaine. Je me souviens d'en avoir vu alors plusieurs à la télévision décrire l'engrenage qui les avait amenés à la rue. Le commentaire qui accompagnait le plus souvent ces témoignages était : « Ça peut arriver à tout le monde. » C'est ainsi qu'un ancien cadre racontait sa descente aux enfers :

> « J'avais un super travail, je gagnais bien ma vie, j'étais marié, j'ai deux enfants. Et puis j'ai été licencié, je me suis mis à boire. Pendant des années ma femme a supporté la

situation, puis elle en a eu marre, elle m'a mis dehors et maintenant je vis dans la rue. »

Aujourd'hui, la sociologie des SDF a changé. Ce ne sont plus des victimes d'accidents de la vie, comme il y a vingt ans. Les trois quarts des sans-abri sont maintenant des migrants sans papiers, le plus souvent d'origine africaine[7]. Ils sont perçus comme importuns, illégitimes à être chez nous, éventuellement dangereux, et l'idée n'est certes pas de se pencher sur leur souffrance psychique. Les dernières dispositions prévues par la loi immigration du 26 janvier 2024 visant à compliquer l'accès aux soins et aux prestations sociales de cette population ne vont pas dans le sens d'une amélioration de l'accueil et de l'assistance qui pourraient leur être proposés.

Tout comme la société, les politiques publiques sont traversées par des tensions et des contradictions qui s'exacerbent dans les périodes difficiles. La mise en place de dispositifs spécifiques pour les plus précaires, tel Un chez-soi d'abord ou, dans le domaine de l'emploi, Territoire zéro chômeurs, procède d'une analyse sociale et économique convergente : humainement, il est préférable de tout faire pour réinsérer les personnes en situation d'exclusion – ce dispositif ayant pour objet d'embaucher des personnes privées d'emploi depuis plus d'un an en contrat à durée indéterminé dans des entreprises de l'économie sociale et solidaire. Économiquement, cela coûte moins cher que de devoir financer durablement toutes sortes de dispositifs d'assistance. On n'attend pas que ces personnes aient résolu l'ensemble de leurs problèmes sanitaires et sociaux pour leur venir en aide. Mais ces projets se heurtent au ressenti d'une partie de la population, complaisamment relayé par certains politiques, qui trouve qu'on en fait trop pour les exclus et pas assez pour ceux qui peinent à vivre de leur travail. Donner des logements en priorité à ces personnes à la rue souffrant de troubles psychiatriques quand tant de citoyens qui travaillent ne parviennent pas à se loger correctement, subventionner des emplois en CDI pour des chômeurs de longue durée, souvent atteints de pathologies addictives, alors que tant d'honnêtes gens peinent à trouver un emploi stable correctement rémunéré peut sembler injuste, voire scandaleux. C'est le grand retour (le « *backlash* », terme popularisé par le livre de l'Américaine Susan Faludi, *Backlash : la guerre froide contre les femmes*, paru en 1991, que l'on peut traduire par « retour de bâton ») de l'approche moralisatrice qu'on avait vue progressivement disparaître à partir des années 1980 au profit du traitement social, et qui semble hélas promise à un bel avenir. Le courage politique consisterait à assumer une action fondée sur un traitement énergique des causes sociales de l'exclusion et des souffrances psychiques qui en découlent, sans *a priori*. Aujourd'hui, cela semble bien relever de l'utopie.

Aux difficultés de prise en compte des causes sociales des troubles psys, il faut ajouter une diminution notable, en quelques dizaines d'années, des moyens dévolus à la psychiatrie publique dans notre pays.

De nombreuses études attestent en 2024 d'une dégradation de la santé mentale des Français. Ce n'est pas un hasard, les causes sociales et un accès aux soins défaillant se combinent pour qu'on en arrive à ce résultat désolant.

12.

Être vieux…

1984 : Ma mère commence à perdre la tête. On se demande avec mon mari s'il ne faudrait pas la prendre à la maison.

2024 : Je crois que je commence un Alzheimer. Je suis très angoissée pour la suite…

En 1980, la jeune psychiatre que je suis ne s'intéresse guère aux pathologies des personnes âgées. Lors de mes études, j'ai appris à distinguer les différentes sortes de démences et à en repérer les causes. C'est un exercice dont la psychiatrie française est friande depuis le XIXe siècle : décrire, classer, nommer… Mais pour les déments, pas de traitement. L'enfermement reste la seule option quand le maintien au domicile n'est plus possible et qu'aucune famille n'est en capacité de les accueillir : l'hôpital psychiatrique pour les plus atteints, la maison de retraite pour les autres.

En 1985, lors de mon arrivée en Picardie, j'ai dans mes attributions l'organisation de consultations dans diverses petites villes du secteur dont l'équipe que je dirige est chargée. L'une de ces villes compte une maison de retraite sur son territoire et, tous les quinze jours, une infirmière amène à la consultation les pensionnaires qui ont besoin de voir un psychiatre.

J'aborde ces personnes avec l'idée qu'il n'y a aucune différence à faire dans la façon de traiter les troubles dont elles souffrent, quel que soit leur âge. La gérontopsychiatrie est balbutiante. En dehors de quelques rares services spécialisés il faudra attendre les années 2000 pour qu'une approche spécifique des troubles psys des personnes âgées commence à se mettre en place dans notre pays.

À cette consultation, les cas les plus fréquents sont de deux types. Il s'agit parfois de malades mentaux vieillissants qui ont trouvé asile, au sens propre du terme, dans cette maison de retraite. Les personnels ne sont pas formés à la prise en charge des troubles psys et n'y comprennent pas grand-chose mais leur attitude est le plus souvent bienveillante :

« Docteur, c'est un scandale, je suis extrêmement choquée !

– Dites-moi ce qui se passe.

– J'ai honte… Enfin, vous êtes docteur, je peux tout vous dire…

– Allez-y…

– Voilà. Dans ma chambre, il y a un lustre. Eh bien, on y a mis des sexes d'homme qui forment comme une couronne. Je suis une femme bien, comment peut-on me faire des choses pareilles !

– Et alors, qu'avez-vous fait ?

– Je me suis plainte à la directrice.

– Et qu'a-t-elle dit ?

– Elle m'a changée de chambre… Et aussi conseillé de venir vous voir, car je suis très énervée ! »

En fait cette patiente souffrait depuis de nombreuses années d'une pathologie hallucinatoire. Elle avait trouvé un lieu de vie accueillant, et je me chargeai de la gestion de son traitement psy. C'était une bonne solution, me semble-t-il.

Je recevais à cette consultation plusieurs patients de ce type, des psychotiques vieillissants et isolés socialement, qui avaient trouvé là un lieu où finir leurs jours paisiblement.

L'autre cas de figure, plus fréquent, concernait des personnes déprimées. D'une certaine façon, je comprenais, avec le point de vue de la jeunesse, qu'être vieux et en maison de retraite soit profondément démoralisant.

« Bonjour, que puis-je faire pour vous ?

– Vous allez comprendre. Je ne mange pas, je n'ai le goût à rien. Je dors mal. La directrice m'a dit de venir vous voir.

– Qu'est-ce qui vous arrive ?

– Rien. Je suis vieille, je vais bientôt mourir. Je suis toute seule, mon mari est mort et ma fille ne vient presque jamais...

– Je ne peux pas grand-chose à cette situation. Mais si vous êtes d'accord, on peut essayer un traitement qui vous aidera à mieux dormir et à être moins triste. Et revenez me voir dans deux semaines, qu'on parle un peu. »

Face à ce type de détresse, je n'avais à offrir que mon empathie et des médicaments, ce qui, j'en conviens, n'est pas tout à fait satisfaisant.

Il faut combattre l'idée, d'autant plus répandue qu'on est jeune, qu'il est normal d'être déprimé quand on est vieux. L'apport de la gérontopsychiatrie et de la gérontopsychologie doit permettre aux professionnels qui travaillent avec les personnes âgées de se départir de ce point de vue et de développer des techniques de prise en charge qui prennent mieux en compte les caractéristiques des troubles des personnes âgées.

Le vieux, c'est l'autre

En novembre 2023 j'assiste à Paris au Contre-salon des vieilles et des vieux, organisé par le Conseil national autoproclamé de la vieillesse (CNaV), qui est « un mouvement citoyen qui a pour but d'affirmer l'identité "vieille" et la volonté de s'autodéterminer des "personnes vieilles"[1] ». Le CNaV revendique d'employer le « je » : « parler en tant que vieux soi-même (ou futur vieux) et non au nom des vieux ». Les fondateurs de ce mouvement sont des baby-boomers ayant été à divers titres actifs autour des principales questions de santé et d'éthique ces dernières décennies. Sur la scène, une table ronde réunit trois femmes éminentes, respectivement âgées de 95, 83 et 73 ans. Je remarque que, quand elles parlent des personnes âgées, elles emploient le « elles » et non le « je ». Sans doute adhèrent-elles, peut-être à leur insu, à cette formule apparue en mai 1968 : « Nous ne sommes pas contre les vieux mais contre ce qui les fait vieillir », l'idée étant qu'être vieux est un état d'esprit et non une réalité biologique.

J'avais eu le même sentiment début mars 2020, quand l'idée d'un confinement commençait à prendre corps et que certains se demandaient s'il ne fallait pas se contenter de confiner « les personnes âgées ». Sur une chaîne d'information continue, le débat s'installe. Trois des journalistes présents sur le plateau ont largement plus de 75 ans et pèsent le pour et le contre de cette option. Il est évident qu'ils ne se considèrent pas comme personnellement concernés, ils n'envisagent pas de devoir rester chez eux car vieux et donc vulnérables. Ce sera pour les autres. Il semblerait donc bien que la notion de vieillesse soit relative et qu'appartenir à une classe sociale privilégiée vous en préserve, du moins subjectivement, plus longtemps que les autres.

Il est impossible de définir un âge précis à partir duquel on est objectivement « vieux ». On est « senior » au travail à partir de 45/50 ans, mais après 60 ans pour la SNCF. L'âge de la retraite ne cesse de reculer. La gériatrie s'adresse en général aux patients de plus de 75 ans, âge auquel il devient impossible de louer une voiture dans nombre de pays. Pour beaucoup de personnes encore actives, au nombre desquelles je me compte, quel que soit leur âge, le « vieux », c'est l'autre, ou alors celui ou celle qui a perdu tout ou partie de son autonomie.

Alzheimer : tous concernés ?

En 1980, la France comptait environ 3 millions de personnes âgées de plus de 75 ans, contre 6,2 millions en 2020[2]. Les pathologies du vieillissement sont ainsi devenues un véritable problème de santé publique. La question de la perte d'autonomie physique, mais aussi psychique, est au premier plan des préoccupations de la France vieillissante.

J'ai pu, dans les années 1980, croiser dans certains hôpitaux psys des personnes âgées manifestement démentes. On ne s'en préoccupait pas particulièrement, elles étaient logées, nourries, lavées mais ne bénéficiaient d'aucun soin spécifique. Les démences faisaient partie intégrante des pathologies psychiatriques, avec cette particularité que leur origine neurologique ne faisait guère de doute. Nous avions appris à distinguer les démences selon leur étiologie (dégénérative, vasculaire, toxique…), leur âge d'apparition (présénile avant 65 ans, sénile ensuite), leur rapidité d'évolution. Aujourd'hui, ces subtilités diagnostiques intéressent peu, l'expression « maladie d'Alzheimer » est la plus utilisée pour nommer différentes démences dont les manifestations cliniques et l'origine peuvent varier mais qui ont en commun d'entraver la capacité de la personne à vivre de manière autonome et l'absence de traitement efficace.

En 1985, en Picardie, je reçois en consultation un couple d'une cinquantaine d'années. C'est le mari qui prend la parole :

« Bonjour, docteur. Nous avons besoin d'aide.

– Oui. Que puis-je pour vous ?

– Nous hébergeons à la maison la mère de ma femme, qui n'a plus toute sa tête et ne peut rester seule. Je travaille, ma femme est à la maison et s'occupe de sa mère. Nos deux enfants sont indépendants. Nous voudrions partir en vacances deux semaines. Serait-il possible d'hospitaliser ma belle-mère pendant ce temps-là, qu'on puisse souffler un peu ?

– Je vais demander. Je vous tiens au courant. »

Je comprends tout à fait la demande de ce couple qui, après avoir élevé ses enfants, assume la mère et belle-mère à temps plein, sans aucune aide extérieure. Je relaie donc leur demande à l'hôpital psychiatrique dont nous dépendons. Le chef de service s'offusque en des termes plutôt vifs :

« Nous ne sommes pas un hôtel ou une colonie de vacances.

– Mais quand même, s'ils n'étaient pas là, cette dame serait dans le service 24 heures sur 24. Ne peut-on pas comprendre leur besoin de souffler ?

– Hors de question. Qu'ils se débrouillent... »

La problématique des « aidants » n'est à cette époque guère considérée. Les familles doivent gérer seules les parents vieillissants. La plupart du temps, ce sont les femmes qui assument ce rôle après avoir fini d'élever les enfants. En province, où la question du logement est moins aiguë que dans les grandes villes, beaucoup de familles prennent encore en charge à domicile leurs aînés

Jusqu'aux années 1990, les troubles psys liés au vieillissement n'étaient guère considérés comme un sujet d'intérêt général. Les familles concernées géraient les situations avec les moyens du bord : traitement symptomatique contre l'agitation ou l'anxiété le plus souvent prescrit par le médecin de famille, placement en hôpital psychiatrique ou en maison de retraite (devenue EHPAD en 2002) si besoin. Le vieillissement de la population et l'augmentation de l'espérance de vie ont progressivement mis de nombreuses familles en difficulté pour prendre en charge leurs parents des années durant. Ce vieillissement s'est accompagné d'une explosion du nombre de personnes présentant des troubles démentiels. En 2022, on estime qu'en France 1,2 million de personnes sont atteintes de la maladie d'Alzheimer. Chaque année, plus de 200 000 nouveaux cas sont diagnostiqués.

Aujourd'hui, en France, de nombreux dispositifs de diagnostic et de prise en charge des personnes souffrant de troubles démentiels existent : centre local de coordination gérontologique, consultation mémoire, accueil de jour, services hospitaliers spécialisés, EHPAD... On considère aussi qu'il est légitime de soulager les aidants en leur proposant des groupes de parole, une aide financière, une prise en charge à temps partiel de la personne dont ils s'occupent pour leur permettre de souffler. En 1980, rien ou presque de tout cela n'était encore en place.

Il existe pourtant bien d'autres sujets

La question des démences est devenue, en quelques années, tellement prégnante qu'elle occulte partiellement encore aujourd'hui les autres troubles psychiques des personnes âgées, alors qu'une prise en charge correcte de ces troubles pourrait non seulement les soulager, mais aussi dans certains cas prévenir la survenue de pathologies démentielles. J'en retiendrai deux : les conduites addictives et les dépressions et leur lien avec le suicide.

En 2001, l'accès au Rohypnol (flunitrazépam), hypnotique puissant détourné par les usagers de drogues avec des effets secondaires très problématiques, a été rendu quasiment impossible. J'ai vu alors de nombreux patients âgés, qui prenaient depuis des années leur comprimé chaque soir pour dormir, développer des insomnies rebelles pour lesquelles d'autres médicaments pourtant proches étaient totalement inefficaces. La dépendance aux médicaments de certaines personnes âgées, à qui le médecin traitant renouvelle sans barguigner un traitement psychotrope (hypnotique, anxiolytique) depuis des années n'est en général pas considérée comme un problème. Pas plus qu'à un certain âge le tabagisme ou l'alcoolisme. Pourtant, les chiffres sont inquiétants. Selon l'Observatoire européen des drogues et des toxicomanies, « le nombre de personnes âgées connaissant des problèmes liés à la prise de substances ou nécessitant un traitement des troubles liés à l'abus de ces dernières devrait plus que doubler entre 2001 et 2020 ». La Haute Autorité de santé estime qu'au-delà de 70 ans, une personne sur deux consomme de façon prolongée des médicaments anxiolytiques ou hypnotiques, les femmes deux fois plus que les hommes. Le problème est que ces médicaments favorisent la survenue de démences et le risque de chute. Mais, je l'ai personnellement expérimenté, convaincre une personne qui consomme depuis des années son somnifère ou son tranquillisant d'y renoncer est bien difficile.

> « J'ai essayé comme vous me l'avez dit de n'en prendre que la moitié, mais je n'ai pas dormi de la nuit. »

> « J'ai essayé d'arrêter, mais j'ai eu un malaise, alors j'ai recommencé... »

Et bien souvent, comme beaucoup de confrères, j'ai préféré baisser les bras. Le patient a été informé des risques liés à une consommation régulière de certains médicaments, c'est donc à lui de décider de ce qu'il veut faire. Le plus important à mes yeux est d'éviter d'instaurer certains traitements et surtout d'en prolonger la prescription. Le travail de prévention de la surconsommation de psychotropes doit se faire avant tout auprès des médecins prescripteurs.

J'ai évoqué précédemment le cas de cette dame en maison de retraite qui se plaignait de n'avoir plus le goût de vivre. La difficulté dans ce type de situation est de distinguer un affect normal d'une humeur dépressive qui peut et doit être traitée.

J'ai déjà souligné le lien entre l'existence d'un nouveau médicament et la fréquence accrue du diagnostic du trouble psy qu'il vise à corriger : Ritaline et TDAH, Prozac et dépression. Jusqu'en 1990, les psys hésitaient à prescrire des antidépresseurs aux personnes âgées, par crainte d'effets secondaires gênants. La mise sur le marché d'une nouvelle génération d'antidépresseurs, inaugurée en 1990 par le Prozac, a facilité leur prescription à cette classe d'âge et par conséquent la recherche de syndromes dépressifs qui avaient pu être négligés auparavant.

La question du lien entre dépression et suicide ne concerne pas seulement les personnes âgées. Toutes les personnes déprimées ne se suicident pas, tous les suicidés ne sont pas déprimés, et il ne faut pas confondre corrélation et causalité… S'agissant des personnes âgées, la question du suicide télescope celle du droit à mourir qui est devenue ces dernières années un sujet majeur. En 2020, le décès par suicide des personnes âgées de plus de 75 ans représente 20 % de l'ensemble des décès par suicide, tandis que cette classe d'âge ne représente que 9 % de la population[3]. Et plus l'âge augmente, plus le nombre de décès par suicide s'accroît. Deux lectures de ce phénomène s'opposent, ou plutôt se complètent : une lecture psychiatrique et une lecture sociologique.

J'ai quelques fois été confrontée au suicide (pour ne pas alourdir mon propos, je ne parlerai ici que des suicides « réussis ») d'un de mes patients. Ce fut toujours un événement traumatique, vécu comme un échec.

Le suicide d'un patient suivi par un psy concerne une personne qui présente *a priori* des troubles pour lesquels elle est prise en charge. Le lien entre ces troubles et le passage à l'acte suicidaire n'est pas toujours évident, des facteurs extérieurs (décès d'un proche, rupture sentimentale, licenciement) peuvent être examinés pour comprendre, si ce n'est expliquer, ce qui s'est passé. Ce qui interpelle avec le suicide des personnes âgées, c'est qu'il s'agit bien souvent de sujets n'ayant jamais été suivis par un psy. S'agit-il de personnes dépressives non diagnostiquées et donc non soignées, ou faut-il y voir l'exercice d'une liberté de mettre fin à ses jours, de « mourir dans la dignité » ? Chaque cas doit sans nul doute être vu dans sa singularité, certains suicides auraient sans doute pu être évités si un suivi psy avait été mis en place. L'« autopsie psychologique », qui vise à identifier *a posteriori* les facteurs psychologiques ayant amené au suicide, est un exercice intéressant, mais riche de biais potentiels. Elle repose pour l'essentiel sur le témoignage de proches, par nature subjectif, et tente d'éclairer le sens du passage à l'acte suicidaire. Le lien avec la dépression est loin d'être établi dans de nombreux cas, la personnalité du suicidé, ses valeurs, son souci de garder jusqu'à la fin le contrôle de sa vie sont bien souvent des facteurs déterminants.

Je considère que le suicide est un droit et que, jusqu'à la fin de ses jours, chacun dispose de sa vie et est donc libre d'y mettre fin. Comme psychiatre, je me dois de tout faire pour éviter les suicides qui interviennent dans le contexte d'une pathologie mentale avérée altérant le discernement : dépression, délire, démence. Mais toutes les situations ne sont pas aussi simples. Je note tout d'abord que les patients que je suivais et qui ont mis fin à leurs jours n'avaient jamais évoqué ce projet lors de la thérapie. Parfois il s'est agi d'un passage à l'acte brutal, *a priori* non prémédité, d'autres fois d'un geste longuement préparé. Mais tous étaient sans doute conscients qu'à partir du moment où ils évoqueraient avec moi leur envie de suicide, je ne resterais pas sans réaction.

« Je suis vieux, je ne sers plus à rien, je n'ai d'autre projet que de mourir…

– Vous avez pensé à vous tuer ?

– Oui, j'y pense souvent.

– Vous avez réfléchi à la façon de procéder ?

– Pas vraiment. J'ai surtout peur de me rater.

– C'est vrai que c'est un risque. On n'est jamais sûr de réussir à 100 %. Et si vous deviez renoncer à vous tuer, qu'est ce qui se passerait pour vous ?

– Il va falloir que j'y réfléchisse.

– On peut peut-être réfléchir à tout ça ensemble. Vivre ou mourir, ce n'est pas rien. Vous avez le choix. Parlons-en. »

Parler de la mort n'a jamais tué personne. Le rôle du psy, dans ce type de situation, n'est pas de s'offusquer des idées de suicide du patient, ni de les tenir à distance. Il doit être capable d'aborder sans crainte l'idée de la mort. Mon hypothèse est ici que si un patient parle avec moi de ses idées suicidaires, c'est au minimum qu'il est hésitant et qu'il souhaite y réfléchir. En pratique, comme je l'ai dit, je n'ai jamais eu à déplorer de passage à l'acte suicidaire dans ce type de configuration.

Une personne qui veut se suicider et qui estime que c'est son droit n'ira pas voir un psy pour en débattre ; elle le fera.

La question du suicide des personnes âgées ne se résume pas à un problème psy, c'est aussi un sujet sociologique. Émile Durkheim (1858-1917), sociologue français considéré comme l'un des fondateurs de la sociologie moderne, auteur entre autres de *Le Suicide* (1897), a étudié le suicide en tant que fait social. Cette méthode s'applique à la monographie intitulée « L'évolution des suicides sur longue période : le rôle des effets d'âge, de date et de génération[4] » dans laquelle la Direction des statistiques du ministère de la Santé constate que les chiffres de suicide des personnes âgées varient selon les époques. Par-delà les cas individuels, ces variations à la hausse comme à la baisse sont sous l'influence des trois facteurs mentionnés dans le titre de cette étude. Les effets de génération jouent à plein. Les baby-boomers âgés, nés après 1950, se suicident plus que la génération précédente. Ce sont eux (nous ?) qui sont aujourd'hui le fer de lance de la revendication d'une aide à mourir. La revendication de maîtriser sa vie jusqu'à la fin, de décider plutôt que de subir, est dans la droite ligne des valeurs de cette génération : autonomie, goût de l'action, refus de subir.

En 2024, je ne dirais pas que tout est fait en France pour que la santé mentale des personnes âgées soit correctement prise en compte. Ces dernières années, plusieurs crises ont attiré l'attention sur les négligences et la maltraitance dont certaines d'entre elles sont victimes. Lors de la canicule de 2003, près de 15 000 personnes pour la plupart âgées sont mortes de déshydratation faute de prise en charge adéquate. Lors de l'épidémie de Covid, la santé psychique des personnes vivant en EHPAD n'a fait l'objet d'aucune considération. Au nom du risque sanitaire, un confinement drastique a été mis en œuvre, privant les pensionnaires pendant des semaines de toute relation humaine digne de ce nom, amenant nombre de décès par « syndrome de glissement », forme avancée d'état dépressif de la personne âgée se traduisant par un désintérêt de tout, un repli sur soi, un amaigrissement, une sensation de fatigue intense, un désir exprimé de mourir. Les visites des familles étant interdites même aux mourants, nombre de personnes sont ainsi décédées dans la solitude la plus totale. En 2022, le livre de Victor Castanet, *Les Fossoyeurs*[5], qui décrit le fonctionnement de certains EHPAD à but lucratif, a légitimement choqué une opinion d'habitude modérément intéressée par le sort fait aux personnes âgées dépendantes.

La question de la fin de vie ne se résume pas aux soins palliatifs, à l'euthanasie ou au suicide assisté. Nombre de personnes âgées ont juste besoin d'être traitées comme des êtres humains responsables, pouvant décider pour eux-mêmes, contribuant à la vie sociale, plutôt que comme un fardeau dont les plus jeunes doivent assumer le poids.

13.

Les coachs vont-ils remplacer les psys ?

Il faut se mettre dans l'ambiance des années 1980. La psychanalyse est hégémonique, tout psy qui se respecte se doit d'avoir lu et étudié Freud et ses principaux disciples, beaucoup de mes confrères suivent une psychanalyse personnelle.

Les livres de Michel Foucault, *Histoire de la folie à l'âge classique* qui décrit la façon dont les fous ont été enfermés ou *Naissance de la clinique* qui amorce une critique sévère de l'institution médicale, ont un important retentissement. L'antipsychiatrie, venue de Grande-Bretagne et des États-Unis, dénonce les conditions faites aux malades mentaux dans les asiles. Pour les plus radicaux, la maladie mentale n'existe pas, les fous ne font rien d'autre que d'essayer de survivre face à des déterminismes familiaux et sociaux forcément pathogènes. Le comportementalisme n'est guère prisé des jeunes psys, parce qu'il recouvre une ambition adaptative. C'est la société qui doit changer, ce n'est pas au sujet souffrant de s'adapter aux injustices du monde. La psychiatrie biologique, qui comprend les maladies mentales comme des maladies du système nerveux, n'est guère en vogue à l'époque parmi les praticiens. D'une manière générale, pour s'adresser à un psy, il faut présenter des troubles sérieux. On ne va pas consulter pour un simple malaise existentiel ou pour des difficultés dans sa relation de couple.

Il faudra attendre 2010 pour que le titre de psychothérapeute soit encadré par la loi, mais en 1980, la plupart de ceux qui exercent cette profession ont suivi des études de médecine ou de psychologie et ont fait à titre personnel une psychothérapie, le plus souvent de type psychanalytique. Se former au métier de psy est exigeant, suivre une psychothérapie prend du temps et coûte de l'argent, le résultat est aléatoire.

En 2024, nous n'en sommes plus là. Le statut de la psychanalyse s'est considérablement dégradé au profit des TCC (thérapies comportementales et cognitives) et du coaching. Le recours à ces diverses techniques d'aide s'est banalisé, il peut concerner des personnes qui ne se sentent pas particulièrement malades mais qui veulent juste améliorer leur efficience professionnelle ou personnelle.

La psychanalyse a-t-elle vraiment perdu la bataille ?

En 1980, la psychanalyse était considérée par la majorité des psys comme incontournable. Un chef de service a ainsi refusé de me recruter car, bien que j'aie tous les titres officiellement requis pour le poste que je briguais, je n'avais pas suivi de psychanalyse personnelle. Cela n'a choqué personne, c'étaient les pratiques de l'époque.

En 1990, je travaillais dans un hôpital de jour fondé à la fin des années 1960 par un des pères de la psychothérapie institutionnelle, fortement inspiré par la psychanalyse.

Les patients psychotiques chroniques, pour qui avait été créée cette institution, végétaient là depuis des années, aux côtés de professionnels qui ne cherchaient guère à les faire évoluer, l'essentiel étant de débattre à longueur de réunion autour d'interprétations plus ou moins subtiles des paroles et des comportements des usagers de l'établissement. Dans cet hôpital de jour comme dans beaucoup d'établissements du service public de psychiatrie, la psychanalyse fonctionnait comme une véritable idéologie, bien évidemment jamais soumise à la moindre évaluation. Certains chefs de service, rémunérés à plein temps sur le denier public, passaient le plus clair de leur temps à exercer la psychanalyse en ville. Personne ne s'en offusquait.

Hégémonique, indiscutable, intouchable : tel était jusqu'aux années 2000 le statut de la psychanalyse en France au sein des institutions psychiatriques.

Je n'étais pas la seule à être choquée du peu d'intérêt de certaines institutions pour la vie réelle des usagers. L'autisme est un bon exemple de la montée de cette défiance face au « tout psychanalyse ». Jusqu'aux années 1990, la prise en charge des enfants autistes est le domaine réservé des psychanalystes. Le psychanalyste américain Bruno Bettelheim (1903-1991) dirige à Chicago à partir de 1947 une institution dédiée à l'accueil d'enfants autistes fondée sur la psychanalyse et qui fait porter aux mères la responsabilité des troubles de leur enfant. Il popularise à travers de nombreux livres[1] ses théories et inspire la plupart des institutions françaises en charge des autistes. À partir des années 1990, diverses associations de parents s'émeuvent du sort fait à leurs enfants et promeuvent auprès des pouvoirs publics des méthodes éducatives et comportementales venues des États-Unis[2].

En 2012, la Haute autorisé de santé[3] met en doute la pertinence de l'approche psychanalytique dans la prise en charge de l'autisme et préconise des interventions fondées sur « une approche comportementale et développementale ». Ce rapport intervient presque dix années après la tentative de l'INSERM d'évaluer l'efficacité des psychothérapies et qui conclut à la moindre efficacité de la psychanalyse par rapport aux TCC. La prétention de la théorie psychanalytique à être la seule référence pour le soin aux personnes souffrant de troubles psys a vécu.

Alors qu'elles étaient tenues en piètre estime par les psys jusqu'aux années 2000, les TCC trouvent leur public, moins longues, moins coûteuses et réputées plus soucieuses d'efficacité que les thérapies dérivées de la psychanalyse.

La psychanalyse n'a pas pour autant perdu son aura. En 2021, le succès de la série *En thérapie*[4] qui met en scène un psychanalyste recevant des patients au lendemain de divers événements traumatiques interpelle. Nombreux sont les intellectuels et les artistes qui en vantent les mérites et volent à son secours dès qu'elle est attaquée. En théorie du moins, la psychanalyse se veut la reine des thérapies, en pratique, c'est une autre affaire… Les pouvoirs publics et les financeurs s'en méfient, car la psychanalyse se refuse à toute évaluation. Pratiquée par des psychiatres libéraux, elle est éligible à remboursement sous couvert d'actes médicaux ; pratiquée par des non-médecins, elle doit être financée par les analysants eux-mêmes. Dans les faits, elle s'adresse à des personnes plutôt aisées et issues des classes dites supérieures.

La psychanalyse a été, au XXe siècle, un véritable bouleversement dans la façon d'appréhender le psychisme humain ; elle a ouvert la porte à une compréhension inédite des processus inconscients, et a permis dans le monde entier à d'innombrables personnes souffrant de troubles névrotiques de trouver une aide précieuse. Bref, il ne s'agit pas pour moi ici de contester l'apport majeur à l'humanité qu'est la théorie freudienne et la pratique qui en découle. Je m'élève toutefois contre deux dérives majeures : la prétention de la psychanalyse à comprendre et soigner tous les troubles psychiatriques – en dépit de résultats peu convaincants comme dans le domaine des troubles autistiques ou des psychoses – et la volonté hégémonique de certains psychanalystes qui dénient la moindre légitimité aux autres modèles d'intervention.

Le coaching n'est pas une thérapie

En 1980, la psychothérapie, majoritairement pratiquée par les psychiatres et dans une moindre mesure par des psychologues, s'adressait pour l'essentiel à des personnes souffrant de pathologies psy : névroses, psychoses, dépression...

Depuis quelques années, la demande d'aide s'est étendue à des gens en difficulté dans leur vie personnelle ou professionnelle, mais qui ne présentent pas à première vue de pathologie avérée. Parallèlement à cette évolution de la demande, l'offre s'est diversifiée et en quelque sorte déprofessionnalisée. La frontière a toujours été poreuse entre mal-être existentiel et angoisse pathologique, entre tristesse et dépression, entre pathologie et trouble réactionnel à une situation douloureuse. Si on retient comme définition de la psychothérapie un ensemble de méthodes psychologiques dont le but est de soulager la souffrance psychique dans un cadre contractuel, les diverses techniques de coaching ne sont pas forcément concernées. De nombreuses personnes qui s'adressent à un coach vont évoquer un malaise, le sentiment de ne pas arriver à réussir comme elles le voudraient, mais le terme de souffrance leur semblera excessif. Il s'agit de se réaliser, de s'accomplir, plutôt que de se soigner. Mais, je l'ai dit, la frontière est ténue.

Il y aurait aujourd'hui en France 15 000 coachs professionnels[5] (contre 5 000 à 6 000 psychanalystes). La formation est dispensée par des écoles, au nombre d'environ une centaine en France. Actuellement, aucune formation n'est agréée par l'État. Les coachs exercent leur activité dans des domaines variés, du sport au management, en passant par le rangement des placards… Dans le domaine qui m'intéresse, celui des coachs en développement personnel, la question est de savoir ce que leur succès indéniable nous dit de notre temps.

Le coaching, que l'on peut traduire en français par « accompagnement », est une méthode d'accompagnement personnalisé destiné à améliorer les compétences et la performance des individus. Il n'est pas question ici de thérapie, on n'a pas affaire à des malades. L'idée d'accompagnement est rassurante : le coach est aux côtés de son client, et on évite ainsi la dissymétrie inhérente à toute relation thérapeutique. On compte en France une centaine d'écoles de formation pour coachs[6], mais rien n'empêche de s'autoproclamer coach, la profession n'étant à ce jour pas réglementée. J'ai eu à plusieurs reprises l'occasion de rencontrer des coachs. C'étaient des femmes (80 % de la profession), d'âge médian (une petite cinquantaine), ayant précédemment exercé dans la communication, ou dans le domaine des ressources humaines. Sympathiques, dynamiques, voulant à ce moment de leur vie avoir un travail « qui a du sens » et être leur propre patronne. Aider les autres à se développer leur semblait aussi contribuer à leur épanouissement personnel.

Le coaching est sans conteste à la mode et correspond bien à l'époque, où les gens, d'autant plus qu'ils appartiennent aux classes favorisées, préfèrent compter sur eux-mêmes plutôt que sur la société pour assurer leur bien-être matériel et moral. Chacun se veut entrepreneur de sa propre vie et pourra éventuellement bénéficier de l'aide d'un coach pour définir et atteindre ses objectifs.

Dans les années 1980, il y avait encore en France une certaine tension entre deux conceptions du rapport entre l'individu et la société, l'une mettant l'accent sur les déterminismes sociaux, l'autre considérant que l'individu est tout. Les années Mitterrand furent aussi les années Tapie, valorisant le fric et la réussite personnelle. En 2024, il semble bien que l'individualisme ait triomphé. Dans le domaine psy, cela se traduit par un désintérêt pour la recherche des causes familiales et sociales. L'ici et maintenant triomphe, l'individu s'exonère des déterminismes familiaux. Inutile donc de se plonger dans les arcanes de l'inconscient ou de chercher dans son enfance des explications au malaise actuel. On perd son temps (et son argent). Le succès du coaching en développement personnel répond aux aspirations de beaucoup, qui ne veulent pas s'encombrer du poids de leur histoire personnelle, qui veulent une aide ponctuelle, rapide et si possible efficace. Parallèlement, cela se traduit par une désaffection pour les thérapies inspirées de la psychanalyse.

Il y a une vingtaine d'années, j'ai eu personnellement recours à ce qu'à l'époque on n'appelait pas encore « coach ». En y repensant, c'est bien de cela qu'il s'agit. Je souhaitais perdre quelques kilos, sans pour autant souffrir d'un surpoids pouvant entraîner des problèmes de santé. Je n'étais donc absolument pas malade. Je croise une amie que je n'avais pas vue depuis un moment et je la trouve littéralement métamorphosée. Elle avait perdu sans doute une dizaine de kilos, était en pleine forme, épanouie. C'est une femme charismatique, à l'enthousiasme communicatif. Je lui demande comment elle s'y est prise, et elle me dit avoir suivi pendant quelques mois un régime accompagné de rendez-vous hebdomadaires avec une dame qui lui disait semaine après semaine ce qu'elle pouvait manger et lui prodiguait des massages.

Je prends rendez-vous avec la dame en question, que je trouve effectivement très agréable. Je suis le protocole jusqu'à son terme, et parviens au poids que je souhaitais atteindre, ceci de façon durable. Et j'ai bien sûr recommandé la dame à d'autres amis.

Mon expérience recoupe sans doute celle de nombreux utilisateurs du coaching.

J'avais un objectif personnel que je peinais à atteindre. Techniquement, je n'avais pas besoin qu'on m'explique que l'alcool et les aliments gras font grossir et que pour maigrir il fallait en supprimer la consommation, mais j'avais du mal à trouver en moi l'énergie pour faire le nécessaire. L'exemple de mon amie, véritable publicité vivante, m'a stimulée. Ensuite, je m'en suis remise aux conseils et préconisations de cette coach. J'ignorais complètement quelle formation elle avait suivie, elle n'était sans doute ni kinésithérapeute, ni diététicienne diplômée, mais cela m'était égal. Ce qui a bien fonctionné, c'est que chaque semaine je devais la rencontrer, me peser, échanger avec elle, ensuite elle me donnait la feuille de route pour la semaine suivante. Je n'avais qu'à faire ce qu'elle me disait et le résultat serait au rendez-vous. J'assumais à l'époque pas mal de responsabilités, professionnelles et familiales, c'était donc reposant de pouvoir m'en remettre à quelqu'un qui décidait pour moi.

Je crois profondément que c'est ainsi que fonctionne le coaching. Il s'adresse à des personnes souvent de catégorie socioprofessionnelle supérieure. En effet, il faut pouvoir payer les quelques centaines d'euros que ça coûte, ce qui n'est pas donné à tout le monde. Les « bons » coachs se trouvent par réseau : une amie, un collègue vous dit :

> « Vas-y, tu verras, elle (ou il) est formidable. Et regarde comme ça a bien marché pour moi ! »

Il faut avoir envie, ou besoin, d'être pris en charge pour une partie de sa vie, de préférence un problème spécifique et soluble. Et enfin il faut que le coach soit agréable, à l'écoute, qu'il ait confiance dans la méthode qu'il met en œuvre.

L'émergence, aux côtés des psys traditionnels, de ces nouveaux intervenants que sont les coachs est-elle un progrès ? Aujourd'hui dans notre pays, l'offre de psychothérapie est notoirement insuffisante. Les psychiatres libéraux qui la pratiquent et permettent à leurs patients d'être pris en charge par l'assurance sociale ne suffisent pas à répondre à la demande. Le service public est lui aussi débordé. Le dispositif qui permet de consulter des psychologues avec remboursement par la sécurité sociale et les mutuelles n'est pas très efficace.

Bref, l'offre de psychothérapie classique accessible financièrement est largement insuffisante pour répondre aux besoins des personnes qui vont mal. Il existe une nouvelle demande, émanant de sujets qui ne se pensent pas malades mais qui demandent à être aidés, dans un contexte où le sentiment que réussir sa vie dépend de soi est largement répandu. Ces deux demandes ne se recoupent que partiellement, dans cette zone floue où l'insatisfaction génère de l'anxiété, où l'angoisse vient entraver l'efficience sociale. Coachs et psys devraient pouvoir coexister pacifiquement. Ce n'est pas le même métier, ce ne sont sans doute pas non plus les mêmes patients/clients.

14.

Sida, Covid : et après ?

> **1992** : Je suis séropositif, je ne suis pas sûr de vivre jusqu'à 30 ans.
>
> **2021** : J'ai peur d'attraper le Covid, je ne sors plus de chez moi.

Quand j'étais étudiante en médecine, au cours des années 1970, les maladies infectieuses ne faisaient plus peur. On disposait en France d'antibiotiques efficaces, d'une hygiène correcte. Les épidémies, c'était bon pour le Moyen Âge et les pays sous-développés.

Quand les premiers cas de sida ont été diagnostiqués, au début des années 1980, le réveil fut brutal. La médecine semblait impuissante, nous étions condamnés à voir mourir jeunes beaucoup de nos patients.

1990-1995 : les années sida

À partir de 1991, je dirigeais à Paris un centre de soins spécialisés pour toxicomanes qui comptaient parmi les populations dites « à risque ». Comme bien des confrères, j'ai accompagné, parfois jusqu'à la mort, nombre de patients contaminés. Jusqu'en 1995, nous ne disposions d'aucun traitement réellement efficace contre le VIH. Il y a donc eu une période extrêmement sombre, la situation ne s'étant réellement améliorée qu'à partir de 1996.

J'ai déjà eu l'occasion d'évoquer, dans le chapitre consacré aux addictions, l'importance qu'a eue l'épidémie de sida pour amener les soignants et les pouvoirs publics à mettre en place en direction des toxicomanes la politique dite « de réduction des risques », je n'y reviendrai donc pas. J'ai aussi mentionné le rôle des associations de patients, telles que Aides ou Act-Up, qui ont de manière décisive modifié la relation médecin-malade en se comportant comme des acteurs exigeants et créatifs du soin et de la prévention. L'impact sur la société de l'épidémie de sida a bien été majeur et se fait sentir encore de nos jours, du moins dans les deux dimensions évoquées ci-dessus.

Comme psy exerçant auprès de personnes toxicomanes, j'ai rencontré, entre 1991 et 1995, nombre de patients contaminés par le VIH, certains malades, d'autres pas. Une des particularités de cette épidémie, c'est qu'elle touchait, du moins au début, des populations spécifiques, dites « à risque » : hémophiles, homosexuels, héroïnomanes, Haïtiens (les quatre H). Toutefois, progressivement, l'ensemble de la société s'est trouvé concerné ; à l'école, on expliquait à mon fils alors âgé de 8 ans qu'il fallait utiliser des préservatifs…

Certains développaient une véritable phobie du sida. Je me souviens de ce patient homosexuel, qui utilisait scrupuleusement des préservatifs, mais qui faisait deux tests par semaine pour s'assurer qu'il n'était pas contaminé.

Il y avait aussi des questions éthiques. Au centre où je travaillais existait une unité dédiée à l'accueil des femmes enceintes et des jeunes mères toxicomanes. Jusqu'en 1995, une femme enceinte séropositive risquait de contaminer l'enfant qu'elle portait. L'espérance de vie de ces enfants contaminés *in utero* était faible, et certains médecins voulaient contraindre les jeunes femmes séropositives à avorter, même contre leur gré. Nous avons heureusement pu nouer des partenariats avec une équipe obstétricale de grande qualité, respectueuse de la volonté de ces femmes. Les cas dramatiques, avec décès de l'enfant, ont été heureusement fort rares, et les progrès de la médecine ont ensuite fait le reste.

Le rapport avec les familles n'a pas toujours été simple. Nombre de patients toxicomanes avaient rompu avec leurs parents, nombre de parents avaient rejeté un enfant qui leur avait posé tant de problèmes. La maladie, dans certains cas, fut l'occasion de retrouvailles émouvantes. Dans d'autres cas, les parents n'ont rien voulu savoir, et je revois ce jeune homme mourant à l'hôpital à qui j'avais proposé de contacter ses parents. Ces derniers avaient refusé tout rapprochement et ce garçon est mort sans les avoir revus.

À l'époque, la majorité des patients que nous prenions en charge étaient des usagers d'héroïne par voie injectable. Inutile de dire qu'ils n'avaient pas bonne réputation : voleurs, délinquants, paresseux, prêts à tout pour se procurer leur drogue favorite. À partir du moment où il leur a fallu s'occuper de leur santé physique, la plupart d'entre eux se sont montrés responsables et déterminés à se soigner, rompant avec leur image d'incorrigibles délinquants pour devenir simplement des jeunes malades en danger de mort. Pour ceux qui ont survécu, la suite n'a pas toujours été facile, entre culpabilité envers leurs nombreux amis morts et désarroi de devoir penser à un avenir qu'ils croyaient impossible.

> « C'est bizarre, docteur. Quand je suis tombé malade, j'ai pensé mourir et je m'y étais préparé. Maintenant que je vais bien et que les médecins me disent que je peux envisager l'avenir sans trop de crainte, je suis déprimé, j'ai peur. »

Aujourd'hui, le sida fait ne fait plus partie des grandes frayeurs des Français. Pourtant, chaque année, environ 5 000 nouveaux cas sont diagnostiqués, dans près de la moitié des cas à un stade tardif. Toutefois, les nouvelles contaminations ont diminué de manière significative chez les hommes ayant des rapports sexuels avec les hommes depuis la mise en place d'une prophylaxie pré-exposition (PrEP), qui consiste à prendre un médicament évitant la contamination par le virus de sida avant toute conduite à risque[1].

La mise en place de cette PrEP témoigne d'une évolution intéressante : plus de pragmatisme, moins d'idéologie. En 2015, la ville de San Francisco, lasse d'être la « capitale du sida », met en place une pratique de prévention des contaminations inédite. Il s'agit de permettre à des personnes séronégatives de se préserver de toute contamination en disposant gratuitement d'un traitement préventif, fait d'une association de médicaments antirétroviraux, à prendre avant tout comportement à risque. Les résultats sont immédiats, le nombre de nouveaux cas ayant immédiatement chuté d'une manière impressionnante.

En France, la PrEP est disponible à partir de novembre 2015, ses conditions d'accès ont été assouplies en 2021. Le traitement préventif n'est pas anodin, il peut y avoir des effets secondaires. Il a un coût : lors de sa mise en place en 2015, il coûte une centaine d'euros, remboursés à 100 % par l'Assurance Maladie. Aujourd'hui, le prix est divisé par trois grâce aux médicaments génériques. Certains ont été choqués de donner un médicament pris en charge par la collectivité pour permettre à des personnes, le plus souvent des hommes ayant des pratiques à risque (refus du préservatif, multiples partenaires, utilisation de drogues), d'éviter la contamination par le VIH sans devoir renoncer à ces plaisirs dangereux. D'autres ont craint que cette possibilité n'entraîne une recrudescence de ces pratiques à risque, avec des conséquences en termes de contamination par d'autres maladies sexuellement transmissibles que le sida. Ces craintes ne se sont pas vérifiées et les bénéfices sont éloquents. En dehors des aspects humains, toute contamination évitée est un bénéfice net pour la collectivité qui n'aura pas à prendre en charge un traitement à vie.

C'est un peu toujours le même débat : permettre à des jeunes filles mineures de disposer gratuitement, et sans l'accord des parents, de pilules contraceptives et de pilules du lendemain ne risque-t-il pas de favoriser une vie de débauche dès le plus jeune âge ? Permettre à des usagers de drogues par voie intraveineuse de disposer de seringues propres ne va-t-il pas encourager l'injection ? Rien de tout cela ne s'est produit. On a juste évité des grossesses non désirées et des avortements chez des adolescentes, des contaminations par le VIH chez des usagers de drogues et partant dans la population générale.

Et là encore, je considère qu'il y a un avant et un après sida, car c'est dans ce domaine qu'un certain pragmatisme a pris (je n'ose écrire « définitivement » compte tenu de ce qui se passe dans le monde en termes de recul sur le droit à l'avortement) le pas sur la morale.

Le Covid, et après ?

Il a fallu la pandémie pour que la santé mentale des Français émerge comme un sujet majeur. Enquêtes, études, articles, émissions sur le thème « santé mentale et Covid » se succèdent sans relâche depuis 2020. Tous font le même constat : la santé mentale des Français, au premier chef celle des enfants et des adolescents, s'est considérablement dégradée.

Qu'est-ce que cette fameuse santé mentale ? Pour l'OMS, « la santé mentale correspond à un état de bien-être mental qui nous permet d'affronter les sources de stress de la vie, de réaliser notre potentiel, de bien apprendre et de bien travailler, et de contribuer à la vie de la communauté. Elle fait partie intégrante de la santé et du bien-être, sur lesquels reposent nos capacités individuelles et collectives à prendre des décisions, à nouer des relations et à bâtir le monde dans lequel nous vivons. La santé mentale est un droit fondamental de tout être humain. C'est aussi un aspect essentiel du développement personnel, communautaire et socioéconomique[2] ».

Ayant exercé le métier de psychiatre, mon domaine était, en théorie du moins, la maladie mentale sous ses différents aspects. La classification internationale des maladies en décrit 99 types censés recouvrir l'ensemble des cas rencontrés, la catégorie F99 concernant les troubles qui n'entrent dans aucune des 98 autres catégories. Cette classification doit être revue régulièrement, ce qui tend à montrer que la notion de maladie mentale est fluctuante et qu'elle pourrait être, dans bien des cas, une construction des médecins sensible à l'air du temps plus qu'une réalité intangible. Quoi qu'il en soit, mon travail était de soigner des personnes qui se reconnaissaient comme malades et que je reconnaissais moi aussi comme malades. Mais pas que… Comme on l'a vu tout au long de ce livre, j'ai eu aussi affaire à des personnes qui avaient des problèmes de couple, qui ne s'en sortaient pas bien avec leurs enfants, qui étaient mal à l'aise au travail. Et là, je me trouvais clairement dans le champ de la santé mentale au sens de l'OMS, à aider des personnes qui n'arrivaient pas à faire face aux exigences de la vie en société sans pour autant qu'elles se considèrent ni que je les considère comme malades. Au fil des années, j'ai vu ce type de demandes augmenter, témoignant d'une inquiétude croissante des gens pour ce qu'il est convenu aujourd'hui d'appeler leur santé mentale.

J'ai cessé mes activités de consultation en juin 2020. Je n'ai donc pas été confrontée professionnellement aux conséquences psychologiques de l'épidémie de Covid-19 et des confinements successifs. Mais j'ai vécu cette période comme tous les Français, j'en ai observé les conséquences sur mon entourage, j'en ai parlé avec certains confrères, j'ai suivi avec intérêt les nombreux travaux consacrés aux conséquences sur la santé mentale de cette épidémie, en France comme dans le monde. Cette dernière a amené une explosion de la préoccupation autour de cette question, partagée subjectivement par l'ensemble de la population, objectivée par nombre d'études et d'enquêtes.

Le 23 mars 2020, le ministère de la Santé lance l'enquête CoviPrev, destinée à suivre en population générale l'évolution des comportements (gestes barrières, confinement, consommation d'alcool et de tabac, alimentation et activité physique) ainsi que celle de la santé mentale des Français[3]. Le questionnaire est exhaustif, il compte en tout 37 pages, et comporte, outre les questions classiques (genre, âge, situation de famille, lieu de vie, situation professionnelle…)

et d'autres plus spécifiques sur le Covid-19, un ensemble de questions concernant la santé mentale directement (dépression, anxiété, sommeil, pensées suicidaires) ou indirectement (consommation d'alcool et de tabac, activité physique, conflits intrafamiliaux...).

Cette auscultation régulière de la santé mentale des Français a mis en évidence une situation qui restait jusqu'ici globalement méconnue du plus grand nombre. Par-delà les fluctuations repérées par l'enquête au plus fort de l'épidémie et du confinement, il s'avère que les Français sont nombreux à être touchés par des troubles qui affectent leur santé mentale. Les « indicateurs clés » relevés lors de la « vague 37 » de l'enquête CoviPrev menée en septembre 2023 et relativement stables depuis plus d'un an[4], sont les suivants :

> 79 % des Français déclarent avoir une perception positive de leur vie en général ;
> 16 % des Français montrent des signes d'un état dépressif ;
> 23 % des Français montrent des signes d'un état anxieux ;
> 71 % des Français déclarent des problèmes de sommeil au cours des huit derniers jours ;
> 10 % des Français ont eu des pensées suicidaires au cours de l'année.

Une autre conclusion importante de cette enquête concerne les populations les plus à risque. D'une manière générale, les personnes ayant une situation financière difficile, les inactives et celles qui présentent des antécédents de troubles psys sont les plus concernées par l'ensemble des indicateurs décrits plus haut.

Certaines catégories de la population sont plus vulnérables que l'ensemble à un ou plusieurs troubles en particulier :

- les personnes qui vivent dans un logement surpeuplé pour les problèmes de sommeil et d'états dépressifs ;
- les 35-49 ans et les chômeurs pour les états anxieux et dépressifs ;
- les femmes et les actifs occupés pour les états anxieux et les troubles du sommeil ;
- les 18-24 ans et les 25-34 ans pour les états anxieux et les pensées suicidaires ;
- les étudiants pour les états anxieux.

Ces résultats sont corroborés par nombre d'enquêtes, de reportages, d'articles de presse qui, depuis l'épidémie de Covid-19, disent tous plus ou moins la même chose : la santé mentale des Français (des jeunes, des chômeurs, des vieux, des mal-logés, des femmes…) est mauvaise, inquiétante, préoccupante, et l'offre de soins ne permet pas de faire face aux besoins.

La difficulté, avec les troubles psys, c'est qu'ils sont dans leur grande majorité subjectifs. On interroge les gens sur ce qu'ils ressentent : « Vous sentez-vous triste ? », « Avez-vous des idées suicidaires ? », « Êtes-vous optimiste, inquiet ? »… D'une certaine façon, tant que la question n'est pas posée, ces troubles n'ont aucune réalité. Si j'ai, par exemple, des idées suicidaires, tant que je les garde pour moi et que je ne passe pas à l'acte, elles n'existent pas. Je peux même ne les avoir jamais clairement formulées à moi-même. Ce sera à partir du moment où on me pose la question que je vais y penser : oui, maintenant que j'y réfléchis, ça m'est arrivé de me dire que si j'étais morte, au moins je serais tranquille…

Cette remarque ne concerne pas les troubles psychiatriques avérés, mais cela vaut pour toutes les manifestations mal définies du malaise psychique : anxiété diffuse, tristesse, manque de dynamisme… Et c'est bien le problème avec cette notion de « santé mentale ». Si je retiens la définition qu'en donne l'OMS, c'est plus un idéal qu'un état que l'on peut atteindre et conserver durablement. Et donc, nous avons tous à un moment ou à un autre de notre vie un (ou des) problème(s) de santé mentale. Si cette prise de conscience, amplifiée depuis l'épidémie de Covid-19, amène les Français à voir d'un autre œil les troubles mentaux et qui sait à moins stigmatiser les malades psychiatriques, c'est une bonne chose. Elle ne doit cependant pas nous conduire à considérer qu'être angoissé, inquiet ou en difficulté pour « réaliser notre potentiel » comme le veut l'OMS constitue en soi une pathologie qu'il faut absolument soigner à coups de médicaments ou réduire à l'aide d'une psychothérapie ou de coaching : tous les psys de France n'y suffiraient pas.

Il se pourrait donc bien que cette inquiétude sur la santé mentale des Français au décours de l'épidémie de Covid-19 soit pour partie amplifiée par l'intérêt qu'on y porte. Des indicateurs objectifs, tels le recours aux urgences, les tentatives de suicides, les dépressions, montrent cependant qu'il y a des raisons d'être préoccupés par une réelle dégradation de la santé mentale de certaines catégories de la population. Cette situation est la résultante de la déstabilisation liée au Covid-19 et aux mesures de confinement couplée à l'insuffisance criante des moyens dédiés à la prévention et au suivi psy, sensible surtout pour les enfants et les adolescents.

Les conséquences sur le psychisme du Covid-19 et des mesures de confinement ont permis de découvrir (redécouvrir ?) l'importance du contexte familial et social dans l'émergence des troubles psys. Nous ne sommes pas tous égaux face à ces troubles. Les mal-logés, les chômeurs, les femmes seules, les jeunes se sont montrés bien plus vulnérables que la moyenne des Français. Cela devrait logiquement amener le développement de politiques sanitaires et sociales spécifiques en direction des plus fragiles. Et aussi à renoncer à attendre des neurosciences plus qu'elles ne peuvent nous donner. Il n'est pas interdit de rêver…

Conclusion

Individus, couples, familles… tout ou presque a changé en quarante ans

Quarante ans dans le cabinet d'une psy ! Cabinet qui a pris diverses formes, les lieux ayant beaucoup varié au long des années. J'ai consulté dans un confortable bureau de chef de service, dans une bibliothèque municipale, dans un centre social, dans divers dispensaires, à l'hôpital, en ville, chez l'habitant… Mais toujours, et c'est en quelque sorte ce dont le terme « cabinet » est la métaphore, il s'est agi pour moi de rencontrer des individus, des couples, des familles. Ensemble, nous avons réfléchi à ce qui les amenait à consulter et cherché le moyen de soulager leur souffrance.

À travers ces milliers de rencontres, j'ai pu observer comment les individus, les couples, les familles ont changé en quarante années. Mon regard et ma grille de lecture des troubles psys ont eux aussi évolué. Ainsi, à chaque époque, la façon dont j'ai tout au long de ce livre décrit les diverses situations rencontrées est le fruit de cette double évolution.

Une phrase me trotte dans la tête au moment de rédiger cette conclusion : « Nous avons un environnement. » C'est Gregory Bateson (1904-1980), anthropologue et psychologue américain, qui l'affirme dans son ouvrage *Vers une écologie de l'esprit*[1]. En 1977, quand ce livre paraît en

France, l'écologie n'a pas la place qu'elle occupe de nos jours, et surtout l'idée que le psychisme (l'esprit) humain ne saurait se concevoir en dehors du monde extérieur n'a pas force de loi, je ne suis d'ailleurs pas certaine que cela ait beaucoup changé. Pour moi, il n'existe pas de malade psy ou de trouble psy en soi, mais toujours en situation. De tout temps et en tous lieux il y a eu des malades mentaux, mais les personnes atteintes et les symptômes qu'elles présentent sont étroitement dépendants du monde environnant.

L'explosion des TDHA se couple avec l'exacerbation des attentes des familles concernant la scolarité des enfants et la mise sur le marché de la Ritaline ; le burn-out émerge dans un monde du travail profondément modifié par des techniques de management importées des États-Unis et un souci de rentabilité accru. Les symptômes de la schizophrénie, maladie psychiatrique par excellence, dépendent en partie de l'environnement familial et social dans lequel ils émergent, et ses répercussions sur la vie de la personne atteinte sont étroitement liées au contexte familial, social et culturel. L'addiction au tabac est née de la pression exercée sur les fumeurs pour qu'ils cessent leur consommation…

De nombreux sociologues se sont intéressés au lien entre société et troubles psychiques. Dans ce livre, je me suis efforcée d'aborder le sujet dans l'autre sens : à partir de la façon dont la souffrance psy se manifeste, que peut-on connaître de la société d'hier et d'aujourd'hui ?

En 1984, la majorité des consultants venaient seuls, il n'était pas habituel de recevoir des couples ou des familles. Mais paradoxalement, il n'était pas difficile de travailler avec eux sur leur histoire familiale, perçue comme un des déterminants de leurs difficultés actuelles. « Si je suis déprimée, c'est que mon père ne m'a jamais aimée… » Pour qu'une personne vienne consulter, il fallait qu'elle-même ou son entourage soit convaincue de la nature psy du problème, et qu'il s'agisse d'un trouble suffisamment sérieux pour aller voir un psy. Nous formions avec les patients une communauté à part. D'ailleurs tout le monde sait bien que la plupart des psys sont aussi fous que leurs patients...

Les difficultés scolaires ou éducatives, les problèmes au travail n'étaient pas motif à consultation, on gérait ces soucis avec l'instituteur ou en famille. La question de la normalité se posait d'une manière sans doute plus tranchée qu'aujourd'hui : les psys étaient perçus comme des spécialistes du sujet, aptes à départager le normal du pathologique. « Est-ce que c'est normal, docteur ? » On s'intéressait peu aux possibles causes neurologiques ou génétiques des maladies mentales : si c'était psy, c'est que ce n'était pas organique, et réciproquement.

Progressivement, les choses ont évolué. À partir des années 1990, les frontières sont devenues moins nettes entre l'individu malade et celui qui ne l'est pas, entre ce qui est normal ou pathologique.

L'individu certain de son ancrage social ou de la normalité de son orientation sexuelle a laissé place à ce que le sociologue Alain Ehrenberg[2] a appelé « l'individu incertain », qui a besoin d'aide pour simplement faire face aux difficultés de la vie quotidienne : « mon fils ne travaille pas à l'école », « mon mari ne s'intéresse pas à moi ». Beaucoup de personnes se sont plaintes d'être déprimées, de ne plus arriver à faire face à leurs obligations. Le réseau social, familial ou professionnel ne semblait plus avoir la capacité d'offrir un étayage suffisant. Elles ne pouvaient compter que sur elles, et elles n'y arrivaient pas.

Puisqu'on ne peut plus compter sur les autres, ce d'autant plus que l'autonomie (souvent mal comprise et confondue avec l'indépendance) est de plus en plus valorisée, il n'est pas étonnant que nombre de patients et de professionnels aient cru trouver la solution dans les traitements médicamenteux, réclamés et prescrits sans discernement. L'individu est la seule cause de ses difficultés, et s'il n'y arrive pas, c'est qu'il souffre de « troubles » qui doivent être corrigés, par des rééducations *ad hoc* et/ou par des médicaments. La pathologisation de la vie de relation touche de nos jours bien des secteurs de la vie sociale : l'école avec les « dys », les TDHA et les HPI, le travail avec le burn-out, le couple avec les pervers narcissiques. Je m'agace à chaque fois qu'on traite Poutine ou Trump de « fou ». Cette tendance à considérer que toute difficulté dans la vie affective, familiale, sociale ou politique repose sur un trouble individuel qui doit et peut être diagnostiqué et éventuellement traité est lourde de conséquences. Elle ramène l'être humain, à travers ses dysfonctionnements à une identité supposée indépendante du contexte dans lequel il vit, et réduit son psychisme à n'être que l'expression d'un fonctionnement cérébral perturbé. Le rôle du psy devient alors d'en corriger les défauts.

J'ai participé à la formation et à l'enseignement de nombreux futurs psychothérapeutes, et un des points qui me tenait à cœur était de leur faire comprendre que ce n'est pas parce qu'un patient raconte comment il a vécu telle ou telle situation que c'est vrai. Cela ne veut pas dire que le patient est menteur, cela signifie seulement que bien que la description qu'il fait de la réalité soit souvent sincère et authentique, elle est forcément subjective et fait presque toujours partie du problème posé. Il n'y a selon moi pas de psychothérapie possible sans un jeu autour de la construction du réel et la recherche de constructions alternatives qui permettent au patient, à défaut de pouvoir changer la réalité, de la voir différemment et ainsi de souffrir moins de ce qu'il vit. Cette façon de penser et de travailler, à laquelle je me suis tenue pendant toute mon activité professionnelle, est devenue ces dernières années de plus en plus difficile à défendre. J'ai ressenti chez de nombreux patients une moindre réceptivité pour une approche distanciée de ce qui leur arrive. Le ressenti devient une vérité qu'il est impossible de mettre en doute. Les réseaux sociaux sont passés par là. Chacun peut y trouver un groupe de personnes « qui ont le même problème » et se conforter dans l'idée qu'il se fait de la nature de ses malheurs et des remèdes à y apporter. L'effet simplificateur des réseaux sociaux joue à plein sur la quête de thérapies efficaces à tout coup. Les marchands d'illusion ont des sites web et des techniques de communication affûtées, et je perçois que par comparaison mon scepticisme et ma prudence ne pèsent pas bien lourd.

Le lecteur aura bien compris que je ne considère pas que la pratique de psychiatrie ou de la psychologie réponde exclusivement à des critères scientifiques. J'ai vu, en quarante ans, monter la revendication d'avoir des thérapies fondées sur « la science » (souvent la neurobiologie ou les sciences cognitives). Revendication portée par les patients, et assumée sans complexe par de nombreux praticiens, conseillers, coachs, experts en tous genres soucieux d'asseoir ainsi leur crédibilité.

La juxtaposition, dans notre société, du primat du ressenti sur toute vérité et d'une appétence immodérée pour les thérapies « scientifiques » contribue à rendre bien compliquée toute approche comportant sa part d'aléa, fondée sur la rencontre entre un psy formé et aussi compétent que possible et un patient ouvert au changement. « C'est vrai, parce que je l'ai vécu, et en plus c'est prouvé ! » Qu'objecter à cela ?

Les années 1980 étaient, dans mon souvenir, plus optimistes qu'aujourd'hui. Les patients qui allaient mal avaient le sentiment que c'était *leur* problème, et qu'à problème individuel solution individuelle. S'ils se soignaient correctement, rien ne ferait obstacle à ce qu'ils aillent mieux dans une société qui était encore perçue comme bienfaisante.

Aujourd'hui, il suffit de regarder autour de nous pour être inquiet. Le sida puis le Covid sont passés par là, la guerre est à nos portes, la planète se réchauffe. Et en même temps, nous vivons dans un monde où il faut « réaliser son potentiel » et tout faire pour être heureux. Le contraste entre les messages anxiogènes qui nous viennent du monde extérieur et l'injonction faite à chacun d'entre nous de réussir sa vie est explosif et explique pour partie le fait, retrouvé dans nombre d'enquêtes et abondamment relayé par les divers médias, que « la santé mentale des Français se dégrade ». On attend beaucoup, sans doute trop, des individus. Il faut être bon élève, motivé et créatif au travail, prendre soin de sa santé à tous les âges de la vie, traquer ses addictions, vieillir en restant autonome et mourir dans la dignité. Dépression, anxiété, épuisement, peur de ne pas y arriver sont bien souvent le prix à payer.

À ce fort niveau d'exigence qui pèse sur les individus s'ajoute une aspiration accrue à la sécurité qui amène paradoxalement, comme l'avait déjà relevé en 2003 le sociologue Robert Castel[3], à vivre de plus en plus mal les inévitables accrocs à ce rêve d'une société absolument sûre. À ce titre, les attentats terroristes tout comme l'épidémie de Covid ont été un choc dont certains peinent à se remettre.

En quarante ans, de crise en crise, le rapport entre les individus et la société a subi de nombreux remaniements. Le lien entre la façon dont les troubles psys se manifestent, sont repérés et pris en charge et ces changements au sein de la société n'est pas toujours simple à mettre en évidence. J'ai été animée tout au long de la rédaction de ce livre par le souci d'éviter l'écueil du simplisme. Les manifestations de la souffrance psychique illustrent l'époque, mais elles ne la résument pas. La société participe de la création et du maintien des troubles psys, mais elle n'est pas seule en cause. Ce livre est une description subjective du rapport complexe qui lie les manifestations psys à une société qui, en quarante ans, a beaucoup évolué.

Nous n'en avons pas fini avec ces changements qui influent sur notre santé mentale, nous verrons dans l'avenir émerger de nouveaux troubles et en disparaître d'autres. Il n'y a lieu ni de le déplorer ni de s'en réjouir, c'est tout simplement parce que nous sommes des êtres vivants dans une société en mouvement.

Notes

Introduction
La France vue du cabinet d'une psy

1. *Le Figaro* du 12 octobre 2022.
2. *Le Parisien* du 9 octobre 2023.
3. direct-assurance.fr

Chapitre 1
Le diagnostic psy… et l'air du temps

1. Collection Points Seuil, 2014.
2. Henri Ey, Paul Bernard, Charles Brisset, *Manuel de Psychiatrie*, Masson, 1978, p. 86.
3. Henri Ey, Paul Bernard, Charles Brisset, *Manuel de Psychiatrie*, *op. cit.*, p. 472.
4. Magazine *INSERM* n° 54, septembre 2022.
5. *Ibid.*
6. Marie-France Hirigoyen, *Le Harcèlement moral : la violence perverse au quotidien*, La Découverte et Syros, 1998.
7. *Le Monde*, 6 février 2024.
8. Futura-sciences.com, Claire Manière, 13 octobre 2023.

Chapitre 2
Aujourd'hui on ne s'en sort plus avec les enfants

1. Sandra Brée, « Évolution de la taille des familles au fil des générations en France (1850-1966) », *Population*, vol. 72, n° 2, 2017.
2. Dans *Philosophie Magazine* n° 173, octobre 2023, p. 72.

3. Livre d'Ezéchiel, chapitre 18.

4. Sandrine Garcia, Professeur en sciences de l'éducation à l'université de Bourgogne, citée par le journal *Le Monde* du 24 juillet 2023 dans l'article « Partisans du “time out” ou parentalité positive : pourquoi cette bataille déchaîne des passions ? » par Laurent Borredon et Clara Georges.

5. Lesminimondes.fr, chapitre : « Qu'est-ce que l'éducation positive ? Méthodes et conseils ».

6. Diffusée le 9 décembre 2015.

7. Chronique du 3 août.

8. Chronique du 17 août.

9. *Idem.*

10. Serge Tisseron, *3-6-9-12, Apprivoiser les écrans et grandir*, Érès, 2013.

11. « L'enfant et les écrans », un avis de l'Académie des sciences remis le 8 janvier 2013, Jean-François Bach, Olivier Houdé, Pierre Léna, Serge Tisseron.

12. elysee.fr : « Enfants et écrans : à la recherche du temps perdu », avril 2024.

13. Eric Favereau, « Troubles de l'attention : des chiffres très au-dessus de la réalité », *Libération*, 6 octobre 2020.

14. Selon les recommandations de l'Assurance Maladie que l'on trouve sur le site ameli.fr.

15. Julien Brygo, « La pilule de l'obéissance », *Le Monde Diplomatique*, décembre 2019, p. 22-23.

16. « Lorsque l'enfant paraît », émission quotidienne sur France Inter de 1976 à 1978.

17. *Le bébé est une personne*, documentaire réalisé par Bernard Martino diffusé à la télévision en 1984.

Chapitre 3
La médicalisation de l'échec scolaire

1. Titre d'un article de Claire Brisset dans *Le Monde* du 4 octobre 1980.

2. *Idem.*

3. Stanislas Morel, *La médicalisation de l'échec scolaire*, La Dispute, 2014.

4. HCFEA, « Quand les enfants vont mal, comment les aider ? » Note de synthèse, rapport adopté le 7 mars 2023.

5. Selon l'INSERM, 2022.

6. Documentaire d'Alexandre Bitoum, 2023.

7. Site : La Clinique E-Santé.

8. Ladn.eu, entretien avec Laure Coromines, 23 mai 2022.

Chapitre 4
Du fils homosexuel à l'adolescente transgenre

1. Henri Ey, Paul Bernard, Charles Brisset, *Manuel de Psychiatrie*, Masson, 2010.

2. *Ibid.*, p. 384.

3. *Ibid.*, p. 388.

4. Marcel Eck, *Sodome - Essai sur l'homosexualité*, Fayard, 1966.

5. Henri Ey, *op. cit.*, p. 390.

6. L'ouvrage de Malek Briki, *Psychiatrie et homosexualité : Lectures médicales et juridiques de l'homosexualité dans les sociétés occidentales de 1850 à nos jours*, Presses Universitaires de Franche Comté, 2009, traite de manière exhaustive de cette question.

7. Arnaud Alessandrin, « Du "transexualisme" à la "dysphorie de genre" : ce que le DSM fait des variances de genre », *Socio-Logos*, 9, 29 avril 2014.

8. 2023, IPSOS.

9. D'après le Rapport relatif à la santé et aux parcours de soins des personnes trans remis en janvier 2022 au ministre de la Santé par le Dr Hervé Picard et Simon Jutant.

10. *Le Figaro* du 3 mars 2010.

11. *20 Minutes* du 17 mai 2009.

12. *La Dépêche* du 12 février 2010.

Chapitre 6
Tous addicts ?

1. J'ai consacré un livre à l'histoire du soin aux toxicomanes : *Soigner les drogués, du sevrage aux salles de shoot*, Odile Jacob, 2016.

2. Hautefeuille M., Valleur M., Blaise M., « Drogues et toxicomanies : vers de nouveaux modes d'intervention », *Les Cahiers de l'Actif*, n° 310-311, 2002, p. 113-114.

3. Aviel Goodman, « Addiction : Definition and implication », *British Journal of Addiction*, 1990, n° 85, p. 1403-1408.

4. Grégory Bateson, *Vers une écologie de l'esprit*, Le Seuil, 1977.

5. Vincent Eroukmanoff, « Les jeux d'argent et de hasard en France en 2022 », OFDT, juillet 2023.

Chapitre 7
Ne dites plus « maladie mentale », dites « trouble psy »

1. Données 2020 fournies par l'Assurance Maladie.

2. Chiffres du ministère de la Santé 2020 : « Les patients suivis en psychiatrie », drees.solidarites-sante.gouv.fr.

3. Rapport 2019-090R.

4. Rapport de l'IGAS, p. 19.

5. *Idem*, p. 20.

6. Cour des comptes, « La pédopsychiatrie, un accès et une offre de soins à réorganiser », mars 2023.

7. Henri Ey, Paul Bernard, Charles Brisset, *Manuel de Psychiatrie*, Masson, 1978, p. 534-611.

8. Extraits de la lettre au Pr Zarifian introduisant la « Mission générale concernant la prescription et l'utilisation des médicaments psychotropes en France ».

9. Rapport Zarifian, p. 47-48.

10. Selon l'enquête BVA Coviprev 2021.

11. Marie Ottavi et Anaïs Moran, « Maternité – Grossesse : des interdits en pleine croissance », *Libération*, 21 juin 2017.

12. HCFEA, « Quand les enfants vont mal, comment les aider ? », Note de synthèse, rapport adopté le 7 mars 2023.

13. J'ai consacré un chapitre à cette question dans mon livre *Dans la tête de ma psy et comment choisir le sien*, HumenSciences, 2021.

14. Eric Favereau, « La fermeture de lits en psychiatrie, un problème national », *Libération*, 3 octobre 2023.

15. « Les soins sans consentement et les pratiques privatives de liberté en psychiatrie : un objectif de réduction qui reste à atteindre », IRDES, juin 2022.

16. Edouard Zarifian, *Les Jardiniers de la folie*, Odile Jacob, 1988, p. 69-70.

17. *Ibid.*, p. 70.

Chapitre 8
Incestes, viols, pédophilie : victimes et agresseurs

1. Santepublique.fr, Alice Debauche, « Quelles données sur les violences sexuelles en France et quelle lecture en faire ? », *La santé en action*, n° 448, juin 2019.

2. *La Cause des Femmes*, 1979.

3. Vladimir Nabokov, *Lolita*, publié en France en 1955.

4. *Lolita, méprise sur un fantasme*, écrit et réalisé par Olivia Mokiejewski, France, 2021.

5. Émission « Apostrophes », 30 mai 1975.

6. Diffusé sur Netflix.

7. Vanessa Springora, *Le Consentement*, Grasset, 2020.

8. Camille Kouchner, *La Familia Grande*, Le Seuil, 2021.

9. Neige Sinno, *Triste Tigre*, POL, 2023.

10. « Le débat après les assises contre le viol : aujourd'hui des réactions masculines », *Libération*, 8 juillet 1976.

Chapitre 9
Violences dans le couple : la faute a changé de camp

1. Comme le montre Mathias Couturier dans l'article « Les évolutions du droit français face aux violences conjugales, de la préservation de l'institution familiale à la protection des membres de la famille », *Dialogue* 1, n° 191, p. 67-78, 2011.

2. Paul Watzlawick, *La réalité de la réalité*, Point Seuil, 1976, p. 68.

3. Marie-France Hirigoyen, *Le Harcèlement moral : la violence perverse au quotidien*, *op. cit.*

4. Paul-Claude Racamier, *Cortège conceptuel*, Apsygée, 1993.

5. France Inter, émission « La tête au carré » du 1er mai 2019.

6. Marie-France Hirigoyen, *Le Harcèlement moral : la violence perverse au quotidien*, *op. cit.*, p. 4.

7. France Inter, émission « La tête au carré » du 18 avril 2013.

8. Auteur de nombreux ouvrages à succès sur ce thème. Entre autres : *Un merveilleux malheur*, 1999 ou encore *Les Vilains Petits Canards*, 2001, parus tous deux aux éditions Odile Jacob.

9. Définition du dictionnaire Larousse.

10. Michel Manciaux, « La résilience, un regard qui fait vivre », *Études* 2001/10 (tome 395), p. 321-330.

Chapitre 10
Le travail, c'est la santé

1. Source INSEE.

2. DARES Analyses, septembre 2015, n° 067.

3. Sylvie Blasco et Thibault Brodaty, « Chômage et santé mentale en France », *Économie et Statistique*, n° 486-487, 2016.

4. Article L 1152-1 du Code du travail.

5. Christophe Dejours, *Souffrance en France : la banalisation de l'injustice sociale*, Le Seuil, Paris, 1998.

6. Marie-France Hirigoyen, *Malaise dans le travail, harcèlement moral : démêler le vrai du faux*, La Découverte et Syros, 2001.

7. Qualisocial, baromètre Ipsos sur le harcèlement au travail, 1re édition, septembre 2022.

8. « The fractions and burden of cardiovascular diseases and depression attributable to psychosocial exposures in the Europeen Union », ETUI, 2023.

9. HAS, « Repérage et prise en charge cliniques du syndrome d'épuisement professionnel ou burn-out », mars 2017.

10. « Tout savoir sur le burn-out », Fondation pour la recherche médicale, 22 janvier 2022.

11. « Le syndrome d'épuisement professionnel ou burn-out », Guide d'aide à la prévention, ANACT, INRS, mai 2015.

Chapitre 11
Quand c'est l'exclusion sociale qui rend fou

1. Jean Furtos, « La précarité et ses effets sur la santé mentale », *Le Carnet Psy*, n° 156, 2001, p. 29-34.

2. Xavier Emmanuelli, « L'action du Samu social », *Laennec* 2007, n° 4, tome 55, pages 27 à 47.

3. INSERM, Rapport sur la santé mentale et les addictions chez les personnes sans logement personnel d'Île-de-France, Pierre Chauvin, 2024.

4. france-assos-sante.org, 2021.

5. Marc Menessier, *Le Figaro* du 19 février 2010.

6. Pr Marion Leboyer, citée sur le site gouvernement.fr, article publié le 11 janvier 2022.

7. Julien Damon, *La question SDF*, PUF Quadrige, 2021.

Chapitre 12
Être vieux…

1. Charte du CNaV.

2. Chiffres Insee.

3. Rapport 2020 de l'Observatoire national du suicide.

4. drees.solidarité-sante.gouv.fr n° 185, avril 2002.

5. Victor Castanet, *Les Fossoyeurs*, Fayard, 2022.

Chapitre 13
Les coachs vont-ils remplacer les psys ?

1. Parmi lesquels *La Forteresse vide*, NRF Gallimard, 1969 ou *Le Cœur conscient*, Robert Laffont, 1972.

2. Brigitte Chamak, « Les associations de parents d'enfants autistes », *Med Sci*, vol. 24, n° 8-9, août-septembre 2008, p. 768-770.

3. HAS, « Autisme et autres troubles envahissants du développement : interventions éducatives et thérapeutiques coordonnées chez l'enfant et l'adolescent », mars 2012.

4. *En thérapie* est une série télévisée française, créée par Éric Toledano et Olivier Nakache, diffusée sur Arte du 4 février 2021 au 19 mai 2022.

5. D'après le dossier n° 73 de la revue *Sciences Humaines*, « L'art du coaching », janvier 2024.

6. *Idem.*

Chapitre 14
Sida, Covid : et après ?

1. Bulletin de santé publique VIH-IST, novembre 2023.

2. who.int, 17 juin 2022.

3. santepubliquefrance.fr

4. « Comment évolue la santé mentale des Français ? » Résultats de la vague 37 de l'enquête CoviPrev (11-18 septembre 2023).

Conclusion
Individus, couples, familles… tout ou presque a changé en quarante ans

1. Gregory Bateson, *Vers une écologie de l'esprit*, Le Seuil, T1 1977 ; T2 1980.

2. Alain Ehrenberg, *L'Individu incertain*, Calmann-Lévy, 1995.

3. Robert Castel (1933-2013), *L'insécurité sociale : qu'est-ce qu'être protégé ?*, Le Seuil, 2003.

Table

COMPOSITION ET MISE EN PAGES
NORD COMPO À VILLENEUVE-D'ASCQ

ACHEVÉ D'IMPRIMER PAR CPI
EN AOÛT 2024

N° d'impression : 2079633
Dépôt légal : septembre 2024
Imprimé en France